Månpocket

D0995632

Mia Skäringer

DYNGKÅT OCH HUR HELIG SOM HELST

Månpocket

Denna Månpocket är utgiven enligt överenskommelse med
Frank Förlag, Stockholm

Omslag och grafisk form: Kerstin Hanson
Omslagsfoto: Linda Alfvegren

© Mia Skäringer 2009

Tryckt i Tyskland hos GGP Media GmbH 2010

ISBN 978-91-7001-756-8

INNEHÅLL

Krönikor

Tills amalgamet gräver sig ner i hjärtat

JAG SITTER I BILEN. Vi har varit på familjeterapi. Det regnar och jag säger till mannen jag älskat att jag måste gå. »Hör du vad jag säger. Jag lämnar dig nu.« Han håller i ratten medan han blir genomskinlig. Vindrutetorkaren torkar fortare. Torkar förgäves. Vi sitter tysta. Tunga. Allt regnar stilla sönder. Och efter en stund, ingen vet hur lång, kommer solen. Den lyser i våra rödgråtna ansikten och jag kramar honom innan jag går. Det är det sista och det första som händer. Slutet och början. Början på vår nya relation som bara mamma och pappa. Icke längre älskande.

Familjen som gick sönder. Klisterklumpen. Skocken. Samlingen. Flocken. Tryggheten. Kärleken. Utgångspunkten som blev en återvändsgränd.

Ibland så här i efterhand. Så här iland. Trygg. Skild, men bland de överlevande, kan jag tänka på hur tunn den lilla sköra familjens fostervattenssäck är. Speciellt om mamma och pappa slutat ligga med varandra. Om näringskedjan därinne inte längre fungerar. Om de inte längre kan göra varandra glada. Det räcker med en liten nagel som rispar mot hinnan och vattnet går. En liten nagel i nacken på pappa. Krafs, krafs. Får jag komma in? Vill du komma in i mig? Och pappa som inte kommit in

9

på flera hundra år kan inte värja sig. En liten uppskattning till mamma på jobbet. Från någon annan. Någon som ser hur vacker hon är. På nytt. Från början. Krafs, krafs och mamman som inte kommit på flera hundra år kan inte värja sig. Kommer. Springer med hjärtat i handen. Hon är nykåt och vilddjuret är vaket. Allt läcker. Rinner. Och ingen kan stoppa eller ta tillbaka. Känslor är väckta och det man känner har man ont utav. Man närmar sig oundvikligheten. Snart är familjen sönderslitten i stycken. Slamsor. En sådan liten tunn hinna mellan att vara och inte vara. Familj. ÄKTA familj.

Men efter döden finns nytt liv. Jag vet. Jag har dött. (Ja faktiskt, även de som lämnar dör. Inte bara de som blir lämnade.) Gått genom tunneln, kisat i ljuset och fått nya vingar. Buttericksvingar. Plastfamiljsliv. Ihoplimmat liv. Med olika blodgrupper. Olika ögonfärg. Olika efternamn. Skäringer – Fors. Vi. Nybyggarna. Kitschfamiljen. En blinkande Jesusfamilj. Inte riktigt helyllehelig, men ändå. Visk, visk. Hur ska det där gå nu då? Fem barn. Fem ledsna barn. Två knulltokiga vuxna som bara tänker på varandra. Egoisterna. Syndarna. Det går aldrig väl. Barnen kommer att få gå i terapi. De kommer att bli skadade för livet.

Jag går med ett flisigt järnok. Två tunga hinkar. Min egen och alla andras. Bär all världens jävla skuld. Vad har jag gjort och hur kunde jag? Frågorna ekar tills de blir ett evigt tinnituspip jag inte längre märker. Tills jag blir jävligt less och skriker: »Vems barn får egentligen gå i terapi? Vems barn får friskast relationer som vuxna? De som har föräldrar som vågar visa känslor eller de som har föräldrar som biter ihop tills lagningarna spricker?

Tills amalgamet gräver sig ner i hjärtat?«

Vi är ihoplimmade. Sydda med stygn som äter upp sig själva med tiden. Två kantstötta serviser som slagit sig samman till en. En kopp med stora blommor. Ett fat med små. Blommor som blommor. Vi gör så gott vi kan och Gud ska veta att det fan inte varit lätt. Alla ska veta att vi sliter. För barnen. För att alla ska känna sig hemma. I oss. I vår nya familj. Sedda. Önskade. Trygga. Utan skuld. Hör du det, gubbe! Det är skitsvårt. Brutalhårt. Och vi borde få plus i himlen för att vi fixat det så bra. Hittills. Ta den fetaste tuschpennan som luktar mest sprit. Plussa oss. Dunka oss i ryggen. Trots att vi syndade och gav upp våra RIKTIGA familjer. Vi är värda det.

Vi sitter i bilen. Vi ska på semester. Jag och min nybyggare Danne. Alla barn är med. Hans. Mina. Jag pratar med min exman i telefonen. Mina barns pappa. Det är ett och ett halvt år sedan vi skilde oss. Han säger åt oss att köra försiktigt. Och jag tycker så mycket om honom. Och jag känner mig stolt. Känner att jag gjort det bra. Att jag varit rädd om mig själv och därigenom alla andra också. Barnen spelar kort. Barnen är glada. Barnen limmar ihop sig. Vi är en familj. En blinkande kitschig Jesusfamilj. Hur jävla helig och riktig som helst.

Som en stor Jönsson-ligeplan

JAG ÄR FRUKTANSVÄRT IMPULSIV. Snudd på sjukligt impulsiv. Får jag något på hjärnan kan jag bara inte låta bli. Alla säger: »Tänk igenom det här, Mia.« Jag tänker i max en dag, sedan gör jag ändå som jag vill. Som med hunden till exempel. Jag ville ha en hund, samma vecka letade jag land och rike runt efter en bra kennel, samma vecka hittade jag henne. Tre veckor efter att idén kläckts – fortfarande slemmig och osköljd – så var allt verklighet. Så var hon här. Hunden. Och jag hade såklart inte tänkt igenom någonting. Det var dyngjobbigt och helt underbart. Kiss överallt och tusen promenader om dagen som var tvungna att planeras in i en redan rätt kaosartad vardag.

Så var det dags för båten. Jag ville köpa en gemensam present till barnen, som ett tack för att de har stått ut med en sådan trött morsa/styvmorsa under inspelningsperioden av *Mia och Klara 2* i Malmö. Jag ville köpa något slags upplevelse och inget plastigt krams på någon ful leksaksaffär.

(Varför är alla stora leksaksaffärer så fruktansvärt fula? Är det för att alla handlar med sitt dåliga samvete, av skuldkänslor, brist på tid? Är det därför det är så fula färger, för att man går med huvudet så böjt att man aldrig

13

skulle märka skillnaden ändå. »Mamma hinner inte nu och pappa är ju fan inte hemma, så gå och ha picknick i Pippitältet en stund, hoppa på studsmattan, jag har köpt den största som finns åt dig, vad gnäller du för?« Så jag kan gå omkring därinne i alla fula färger och riktigt känna hur mycket jag köper mina barns kärlek? Hur jag kompenserar upp. »Förlåt för att jag varit borta så mycket, men här får du en Playstation så att du kan vara lika frånvarande som jag. Så löser vi ut varandra. Så har alla förlorat allt.«)

Så hittade jag lappen »Båt till salu« samma dag som jag tänkt tanken. Liten badbåt. Perfekt om man vill ut i skärgården. Om man inte vill knö med alla andra som kommer till vår ö för att bada på sommaren. Perfekt om man vill ut och fiska. Höst, sommar och vår. Litet krypin under tak, lagom för två vuxna tattare att slingra ihop sig i även barnfria helger. Klart jag köpte den. Jag hade ju tjänat lite pengar och barnen blev skitglada. Saltvatten lagar nästan allt. Saltvatten torkar ut såren. Kompenserar bättre än plastkrams. Bättre än Playstation. Inga fler jävla spel!

Det går inte att tänka igenom allt alla gånger. Jag vet folk som tänker igenom livet istället för att leva och när de väl tänkt färdigt är allt för sent. Det blev inga barn. Inga resor. Inga fester. Men allt blev oerhört genomtänkt. Som en stor Jönssonligeplan. Utritat och planerat in i minsta detalj. Men förberedelsen gjorde att livet körde om. Förbi. Bort i tvåhundra kilometer och kom aldrig tillbaka. Man har ju typ en chans på sig och ingen repris på nätet (om man inte tror på reinkarnation och tröstar sig med att man minsann ska våga lite mer i nästa liv).

När jag blev gravid var jag mitt i en utbildning, tjugo-tre och totalpank. Klart jag behöll barnet. Klart jag stannade bilen och klev ur. Klart jag sket i utbildningen. Jag blev helt jävla överlycklig för att jag kunde bli gravid eftersom jag strulat så mycket med min kropp i tonåren. Två år senare kom mitt andra. Och jag är så glad för att jag aldrig tänkte igenom någonting. Att jag bara lyssnade på hjärtat som skrek sig blått av JA! Klart du ska ha barn, Mia. Allt löser sig. Och livet är aldrig speciellt lätt ändå. Gud tänkte nog inte så. Jag tänkte inte så. Att det skulle vara lätt. Snarare halvsvårt, svårt och hur svårt som helst. Det är väl bara då man på riktigt kan uppleva något. Om det vore lätt för länge i sträck så skulle man ju bara gå på. Man skulle liksom aldrig bli svedd. För visst är det ofta så att precis när man tror att man ska dö så blåser någon i visselpipan och man får vila.

»Gud, du är så ung, Mia. Två barn och så ung. Och i en storstad, ska du inte flytta hem till mamma så hon kan hjälpa dig. Hem till den lilla trygga staden du föddes i. Där det finns parkeringar till förbannelse, fler än invånare, så alla kan parkera sina bilar exakt samma två timmar under dagen om de vill, hus för femhundratusen och så mycket fin skog!«

Jag upplevde aldrig mig själv som en särskilt ung morsa, snarare många storstadsmorsor som rätt gamla. Genomtänkta. Som om de hade köpt allt åt sina små bebisar innan de kom ut. Sprungit runt på stan i nio månader. Tänkt ut små stilar. Vagnar. Skötväskor. Små snygga leksaker. Bästa barnstolen. Bilstolen. Snygga amningströjor. Polarn o. Pyret liksom. Kläder som matchar. »Här är jag och min bebis! Vi har samma randiga tröja, ser ni det?« Och jag som inte tänkt igenom någonting. Hade samma bajs på min tröja som min lilla bebis hade i sin blöja. För jag hade ingen perfekt skötväska. Ingen perfekt vagn med tusen fack. Jag glömde ofta saker och såg rätt för jävlig ut mest hela tiden. Jag var helt ogenomtänkt och förmodligen rätt fri i huvudet. Inte alls så förvirrad som många genomtänkta (eftersom ingenting blev som de tänkt sig ändå, eftersom bebisen aldrig ville ligga i sin egen säng fast den stått bäddad och beredd i flera månader).

Så helt ogenomtänkt har jag nu alltså dragit ihop en klunga på sju personer (eftersom jag inte heller tänkte igenom det faktum att man helst ska leva ihop hela livet med den man skaffar barn med så var jag ju tvungen att skilja mig och träffa en ny man på halva vägen. En man som redan hade tre barn). Så, sju personer i familjen plus barnens pappa några hus längre bort. Ett eget skruttigt hus, en skitstor hund och en liten badbåt. Jag bor dessutom på en bilfri ö. Det tänkte jag aldrig heller igenom. Att man alltid får bära och kånka på allt i väderlekar ingen annan ens skulle gå ut i. Ändå har jag världens vackraste liv. Tungt och lätt om vartannat. Så som det ska vara om man vill känna att man lever. Det vill jag.

Om jag alltid hade tänkt igenom allt hade jag förmodligen:

1. Bott kvar i stan och aldrig vågat flytta till en ö. Herregud, vad ska man göra om barnen blir akut sjuka? Svar: ringa på en helikopter. Om det blåser så mycket att helikoptern inte kan landa? Svar: bo kvar i stan.

2. Funderat på att skaffa barn ungefär nu och kanske aldrig fått några.

3. Aldrig skaffat hund.
4. Aldrig jobbat med det jag gör.
5. Inte levt det livet jag vill.

Tänk inte så förbannat mycket. Gör något nu. Typ det du vill. Sen behöver man inte bli lika sjukligt impulsiv som jag. Jag är för mycket. Men ett uns skadar inte. Man vet ju aldrig hur lång tid man har på sig.

Kåthet
är ingen
hamburgare
för nio kronor

FAN, VAD TRÖTT jag är på allt tjat om sex. Alla sexolo-ger. Alla tips. Reportage. Spalter. Har sexologerna själva ett bra sexliv? Tror prästerna verkligen på Gud? Har Mia Törnblom verkligen så fruktansvärt bra självkänsla? Det vete fan. Men vår tid är ju sån. En konflikt som varat i tio år löser doktor Phil på tio sekunder. Likadant med sex. Köp en massagestav! Överraska din partner. Här har du de tio bästa ställningarna för kvinnan. Så vill mammor-na ha det i sommar! Skönaste snabbsexet.

Först är nån jävla kille där och gräver och innan han har hunnit få ut näven så har alla tips kletat ner mig istället. Hur ska jag kunna hitta min egen kåthet bland all bråte?

När jag var liten, typ femton, umgicks jag med männi-skor som var nästan dubbelt så gamla som jag. Alltså i trettioårsåldern. Eller i alla fall runt där. Jag träffade där-för killar i den åldern. Jag var, som man sa, rätt mogen i huvudet. På vissa plan i skallen, och helt oskuldsfull på andra. Liten, sårbar, flickig. Som tur är var i alla fall min första pojkvän bara några år äldre än jag. Känns fint att det var han som fick min oskuld och inte nån ful jävla tunnhårig gitarrist som inte ens ville erkänna för sina kompisar att han knullade mig. Han knullade mig. Ja, precis. Jag knullade aldrig honom. Allt gjorde alltid ont och jag fick aldrig ligga kvar i sängen och kramas med honom efteråt. Jag fick cykla hem i gryningen med ett underliv som sved mot sadeln. Jag trodde att det var kärlek.

Det var tur att han inte var den förste.

Det var synd att han och några andra förstörde min sexualitet.

Det var mest tur av allt att det gick att laga mig.

Min oskuld förlorade jag i min förste killes brorsas kompis lägenhet. Jag var fjorton och hade köpt en sladdrig bomullsblommig topp och trosa på Lindex. Vi satt och lyssnade på Michael Bolton, *How Am I Supposed To Live Without You*. Jag hade stentvättade jeans, kråsskjorta och bullig lugg. När vi hade lyssnat på samma skiva tio gånger och han berättat om alla sina snyggaste hockeyräddningar krånglade vi äntligen kläderna av varann. Det var inte så svårt eftersom mina underkläder var så sladdriga. Plötsligt låg jag naken på ett brunt tigerrandigt överkast i plysch.

Han var fin.

Han var försiktig.

Tre gånger fick vi göra det på raken innan det slutade göra ont. Innan det slutade svida. Och när han frågade om jag tyckte det var skönt stönade jag »åh, mer, hårdare«, som jag sett på porrfilm att man skulle göra. Det gjorde jag i flera år. Tills jag blev tjugo kanske. Och det värsta var att killarna gick på det, att jag blev en jävligt duktig porrskådis.

När jag var sexton hamnade jag i det äldre gänget. Trettioåringarna. Med den fule tunnhårige gitarristen.

Han kunde alltså ringa på morgonen, hem till mina föräldrar, och fråga efter mig. Jag var kär i honom och han var bakiskåt. Jag gav mitt hjärta när han lika gärna hade kunnat runka. Jag tog på mig de finaste underkläderna jag hade, tog min bockstyrda cykel och trampade uppför backarna. Hem till honom. Han hade stånd när jag kom. Låg redan i sängen.

Han var inte fin. Han var inte försiktig.

Jag trodde aldrig att jag skulle hitta min egen sexualitet. Min egen kåthet. Jag trodde inte den fanns i mig. Jag tänkte att jag får spela min roll. Spela den så bra att ingen märker att jag inte är där. Slicka mig om läpparna, skrika ja och slänga med håret. Rida, stå på alla fyra. Be om mer, be om hårdare. Låta honom somna när allt är klart. I bästa fall sitta vaken ensam och röka i fönstret, annars bara hitta trosorna och cykla hem direkt. I värsta fall inte hitta trosorna men cykla hem ändå.

Inte ett endaste sextips har någonsin hjälp mig. Inga Janouch- eller Malena-spalter. Utforska dig själv, lilla vän, känn efter vad du tycker är skönt. Jo, men visst, jag lägger mig ner och onanerar. Det hjälper mot allt. Ska jag tänka på den tunnhårige gitarristen samtidigt? Då kanske jag äntligen kommer!

Så kom *the point of no return* i filmen om Mia Skäringers liv. Jag blev gravid. Jag skulle bära en annan människa i min kropp. Och ungefär där fick det fan vara nog på det ohela, trasiga och frånvarande. Jag var tvungen att laga mig själv för att komma vidare. Be om hjälp. Lära mig tycka om min kropp och behandla mig själv med respekt. Hos en terapeut kunde jag för första gången sätta ord på vad som hade hänt. Varenda liten bokstav var som en spya, som en förlossning. Jag minns att jag slog på en madrass. Att jag låtsades att det var den fule tunnhårige gitarristen. Djävulsgitarristen skulle dö, han skulle cykla ut ur mig utan att ens ha hittat sina fula kalsonger.

Vissa saker tar lite längre tid.

Vissa saker går inte att lösa så snabbt.

Vissa saker behöver lugn och ro.

Kåthet är något heligt. Ingen hamburgare för nio kronor.

Med dina
jävla fel
och brister

JAG VILL GIFTA MIG. Och jag vill gärna ha ett stort bröllop. Ett zigenarbröllop (jag har tattare i släkten, jag vet att det inte är samma sak, men ändå). Rosor i håret, färgstarkt, kulörta lyktor, stora känslor och massor av musik. Jag är jävligt romantisk. Hjärtat utanpå, liksom. Överkänslig, som alla underkänsliga män ofta kallar sina kvinnor, dock inte min nuvarande man, för han är lika känslig som jag. Det är därför jag äntligen vill gifta mig.

Klänningen ska vara så där gammelvit med mycket spets, så att man kan se den bruna huden igenom. Håret slarvigt uppsatt med stora röda blommor. Läpparna röda. Stora örhängen. Min Danne vill mera vara sjörövare. Liksom stora guldringar i öronen. Uppkavlad kråsskjorta, så tatueringen på underarmen som han fick av mig i present när han slutade röka syns, och många ringar på fingrarna. Om ni tänker er typ Frida Kahlo, kapten Jack Sparrow och Pippis pappa. Jag med min light-manodeprimerade stil och Danne som seglat på de stora haven.

Jag vet exakt. Har sett det i drömmarna så många gånger. Vit stenkyrka på en kulle (vanliga i Värmland). Stora gröna gräsmattor. Ängar. Våra släkter, Dannes och mina (o käre Gud, gör så att mormor och morfar får leva).

24

Våra vänner. Alla vi känner. Bara pappa som saknas. Min pappa dog precis när Danne och jag träffades. Vi började vår kärlekssaga med att begrava honom. Av jord är du kommen och jord ska du åter bli. Danne tackade honom för att han fått mig.

»Tack Håkan, för att du gav mig Mia.«

Vi står nykära på bårhuset i Karlskoga. En varm levande hand som möter en död kall. Tack. Det är då jag vet. Den här mannen kan älska mig i nöd och lust. Det är den påtagligaste stunden i mitt liv. Den stunden och de två stunderna då mina barn föddes. Liv och liv och död. Och snart kommer ytterligare en sådan stund. Mitt bröllop.

Jag ser barnen. Våra fem. Mina och Dannes. De är klädda i vitt och skitar ner sig. Grus. Gräs och sommar. De går bakom, bär blommor och snirklig gammal sommerstugegardinslöja och kan inte vara tysta. Fnissar, petar näsan och snubblar. De är glada och stolta. Allt är okej. Alla mår bra. Det finns ingen skuld. Alla är fria och vi är i kärlek. Danne och jag är nervösa. Prilliga och fulla i gråt. Jag har skoskav av mina vita fina skor och Danne är röksugen fast han inte rökt på flera år. Vi vågar inte se åt sidorna, inte vända oss om.

Vi går rakt fram, håller varandras händer och känner svetten rinna i handflatorna. Vi tittar prästen i ögonen och jag känner gråten böka i halsen. Vi säger »ja« och »ja« och snart är allt över. Vi står på trappan. Alla kastar ris, utom pappa som kastar snabbmakaroner från himlen. För att jag gjorde det när mamma och han gifte sig. Det var det enda vi hade hemma. Snabbmakaroner. Koktid tre minuter. Men så var de inte gifta så länge heller.

Jag vill gifta mig. Säga ja till Danne inför Gud. Min

Gud. Den Gud som jag tror på. Som jag sett. Som jag vet. Min Gud är inte så värst pryd, han älskar knullrufs och whisky i sängen. För honom är kärleken meningen och sexualiteten helig. Bägarna ska rinna över och njutning är vackert. Inget att be om ursäkt för.

Och hur vet man att man hittat mannen i sitt liv, då? Det känner man. Om man tvekar det minsta är det fel. Jag tager dig som du är med alla dina jävla fel och brister. Med dina fula fötter och din snygga stjärt, med min slappa brustna mage och mina vackra ögon. Du är min själs älskade. Och jag din.

Minst trehundra gäster ska det vara. Grilla ska vi göra. Allt möjligt. Fågel, fisk och mittemellan för alla som inte äter kött. Och alla ska sova över. Alla mormödrar får sova mjukt, alla tonåringar hårt. Vi sticker på natten. Rakt upp i luften till värmen. Sedan älskar vi hysteriskt i 40 graders värme tills jag inte orkar komma fler gånger. Tills jag får något slags orgasmkramp och måste uppsöka sjukhuset ...

I verkligheten kanske det blir hundrafemtio gäster. Vi somnar halvfulla och helt utmattade av nervositeten. Kanske orkar Danne inte ens krångla av mig trosorna, och dagen därpå måste vi upp och städa festlokalen med värsta baksmällan. Skit samma. Jag älskar honom. I detta liv och rakt in i nästa.

Eller så sätter man sig i terapistolen

DET FINNS EN alldeles speciell mamma. En mamma som är mycket bättre än alla oss andra. I skuggan av henne blir vi andra rätt sunkiga, vanliga, sämre, fulare, fetare och som om det inte räckte också rätt avundsjuka.

Jag står i kön på handelsbon. Ja, det är en vanlig affär på min ö, men jag kallar den handelsbon. Tycker det blir roligare att handla då. Jag står där och stirrar på tre omslagsmammor. De står på samma hylla och flinar alla lika mycket. Nej förresten, en av dem försöker visst pluta lite tufft med munnen, det är hon som ligger ner på en divan med stor mage och slips. En Hollywoodmamma. De två andra vill mest bara vara mysiga, lite crazy och snygga. Liksom jag-bakar-gärna-bullar-i-pumps, liksom jag-älskar-kaos, jag-ammar-i-pausen-på-showen. Javisst, jag tittar även in i ögonen på mamas omslagsmamma. Jag kastar en sten i glashuset jag själv sitter i. Kanske blir det en liten spricka, kanske kommer det att regna in lite, men vad fan, jag har inte mycket till frisyr att skydda ändå. Jag måste väl ändå få säga att vissa mammor inte verkar ha mer för sig än att byta tidningsomslag. Stylas om och platta till det hår som förut var lockigt, förlänga det hår som förut var kort, bleka det hår som förut var mörkt ... Oj, man fyller lätt sina dagar med viktigheter.

De är oavsett rätt löjliga poser och hönsrövsminer (halvöppen, dryg mun som vill se sexig ut) jävligt snygga allihop. Jag försöker tänka och betala medan sylvassa tänder äter sig igenom min tröja in mot mitt bröst. »Ajjjjjjj», vrålar jag i affären när hörntanden sticker till i bröstvårtan. Det är Lilja, vår nya familjemedlem. En irländsk varghund, en sådan där vargkalv som egentligen borde registreras i ponnyklubben. »Som om du inte hade nog redan«, säger folk på ön till mig när jag kommer från dagishämtningen med två vinglande barn på varsin cykel, matkassar, skolväskor, kissbyxor i plastpåsar, teckningar, kastanjehalsband, bajspåsar och en varghundsvalp som fryser och piper innanför min jacka. Tänk om jag, med min clownmun (ni vet, man har lite torra läppar och bara det billigaste läppglanset, det som smakar smultron och som gör att man börjar slicka sig om läpparna tills de blir jätteröda och jättestora), den röda fleecemössan med en häst på, som jag lånat av barnen, en gammal mörkblå täckjacka från den tiden min man låg på ubåt och med en hund som sticker upp mellan brösten, skulle pryda ett omslag. Brukshundsklubbens kanske, eller tidningen Faktum för hemlösa, för om jag visar armarna är de fulla av små sticksår från sylvassa tänder. Man skulle kunna tro att jag halkat dit på heroin.

»En vet aldri mä rän däringa Skäringer, dä däringa tvprogramme kanske gick na åt hövve, ho kanske tror ho ä Käte Möss eller nött.« Så hade de sagt på Ica Maxi i den lilla staden jag växte upp i om de hade sett mig sån här.

Vet ni förresten att de har satt upp ihopfällbara stolar längs väggarna på Ica Maxi i Värmland? Såg det när jag

29

var hemma och tittade till min stuga sist. Typ väggfasta biostolar. Alltså för att folk som redan handlat klart ska kunna sitta och glo på folk som just börjat handla. Glysa och glo avundsjukt på vad de andra stoppar i sina vagnar. »Va fan köper ho nu rå, oxfilé, har ho vunne på Bingolotto eller?« Och är det till råga på allt lördag kanske man unnar sig att äta en korv under tiden. Korv kan man äta när man har tråkigt i en småstad. För att fördriva tiden. Ungefär som på Ikea när man inte kan bestämma sig för vilken badrumsserie man ska välja, ja, då går man och tar en korv och tänker på saken. Beslutsångest, avundsjuka och rastlöshet botas av kokt, smaklös, grå korv.

Finns olika sätt att hantera saker på. Antingen så tar man en korv eller så sätter man sig i terapistolen. Jag har suttit i terapistolen och är rätt stolt över mitt eget sätt att hantera avundsjuka på. Jag tänker i princip så här: allt jag är avundsjuk på står för något i mig själv som jag måste jobba på. Omslagsmamme-avundsjukan handlar alltså inte om något ytligt utseendekomplex som jag först trodde. Nej, den är en reminder om vad som egentligen är viktigt här i livet. Ungefär som memento mori – kom ihåg att du ska dö – på kyrkogården. Den säger mig: lugna ner dig, du behöver inte vara allt, Mia. Du kan ta en sak i taget. Du är bra som du är. Amma först, showa sedan. Andas! Lev! Avundsjukan leder mig alltså till en praktisk handling: skit i alla omslagsmammor, de är lika irriterade på sina ungar som du är ibland. Lika fula, mensiga och sura.

Likadant med varför-lyckas-hon-och-inte-jag-avundsjukan. Vad handlar den om? Inte om henne och vad hon gör utan om att jag förmodligen inte gör det jag vill, att jag inte lyssnar på mitt hjärta och satsar på det jag verkligen brinner för. Praktisk handling: sluta sitt på de väggfasta Ica Maxi-stolarna och glo när andra handlar mat. Åk hem eller res bort. Säg upp dig, sök en ny väg, flytta eller stanna, ring någon, gå ut i skogen, köp en hund. Whatever. Förverkliga ditt eget liv istället!

Oro är inte bra för barnet, sa barnmorskan. Så jag gick hem och oroade mig för att inte oroa mig för mycket

JAG HAR ALDRIG haft något behov av att klättra i berg, hoppa från en lyftkran i någon jävla gummisnodd eller tugga kåda i vildmarken en hel vecka. Däremot har jag fått rejäla kickar av att till exempel föda barn. Av positiv smärta. Av kampen för det goda. För livet. Det kladdiga barnet på magen. Tjugofyra timmars nära döden-upplevelse. Tusen spruckna kärl i ögonen och ett sprucket underliv. Blod. Järnlukt. Skalpelektroder. Hasande tofflor i korridorer. Snabba, långsamma. Bråttom. Lugnt. »Håll tillbaka.« »Tryck på.« Hjärtljud, stjärtljud. Lavemang så man inte skiter på sig. En Mellangård som exploderar. Bara Sörgården och Norrgården kvar. Vart ska lilla Olle ta vägen, eller vem det nu var som bodde i Mellangården?

Jag rökte några cigaretter i början av min första graviditet. Rökte och drack några drinkar innan mensen skulle komma. Alltså innan jag visste att jag var gravid. Sedan blev jag supernojig. Herregud, vad har jag gjort, mitt barn kommer att få en hjärnskada. Tänk om hjärnan just höll på att vira sina små nervbanor kring några söta tankar om vatten? Om min lilla drink förstörde motoriken, den empatiska förmågan eller om ungen aldrig skulle kunna få någon balans? Jag pratade med min

33

barnmorska på MVC. »Du behöver inte oroa dig, Mia. Oro är däremot inte bra för barnet.« Så jag gick hem och oroade mig för att jag skulle oroa mig för mycket. Suck. I sex månader oroade jag mig. Satt på en toa bakom scen innan föreställning och försökte känna sparkar. »Hallå, lever du därinne?« Jag buffade på magen tills ungen vaknade. Jag hade ofta råångest. Tänk om något skulle gå fel! I sjätte månaden råkade jag ta i ett elstängsel för kossor. En stor stöt gick genom min kropp och jag var helt övertygad om att den lilla därinne blivit uppbränd som i en *Tom & Jerry*-scen.

Fan, vad jag var rädd. Rädd för allt. Andra graviditeten gick mycket bättre. Jag bestämde mig för att vara coolare. Att inte gå in i de där mörka ängsliga korridorerna. Jag njöt av magen. Jag njöt av förlossningen. Visst gjorde det lika in-i-helvete-dödens-ont den här gången också, men jag stretade inte emot. Jag blev inte skräckslagen. Jag såg smärtan som en vän. Inte som en fiende. Stor skillnad! Avgörande skillnad! Man ska komma ihåg att det är en jävla ynnest att få föda barn. En riktigt fet bonus. I nio månader får man förbereda sig. Sedan har man ett skott på sig. En chans. I tre dygn eller en timme. Upplevelsen påverkar dig för resten av ditt liv. Bra eller dåligt. Jag har alltid försökt föda utan bedövning. Det har varit en stark drivkraft i mig. Jag vill känna och jag vill att ungen ska komma ut mellan mina ben. Jag vill inte förlora känseln i magen, i underlivet och jag vill inte bli snittad. Såvida det inte skulle bli tokakut.

Med Alfred var det så att hjärtljuden sjönk rätt dramatiskt mot slutet. Vi hade kämpat i flera dygn. Han och jag. Pappan. Jag hade haft vidriga pinvärkar av igång-

34

sättningsdroppet. Jag drar alltid över tiden, två och en halv vecka med Alfred, tre veckor plus två dagar med Heli. Jag minns att jag skrek till barnmorskan att hon fick göra vad hon ville bara jag inte blev snittad. Hon tog saxen. Fanns ingen tid för något tjafs. Jag såg den. Saxen. Kände att den var kall. Men det gjorde inte ont. Inget alls. Allt gjorde redan så ont något någonsin kan göra. Klipp. Alfred forsade ut mellan mina ben och all smärta försvann. Befriad. Förlöst. Levande. Tre. Mamma. Pappa. Alfred, en sekund gammal. Jag minns ljuset i rummet. Tystnaden. Det röda blodet mot de vita lakanen. Rostfria skålar på ett rostfritt rullbord. Barnmorskans varma händer runt mitt ansikte. »Gud vad du har varit duktig, Mia. Så modig och tapper. Ni har fått en liten pojke.«

Aldrig har mitt liv varit så påtagligt och yrvaket, aldrig har jag varit så mycket i nuet som när jag suttit i en obekväm ljusblå (samma färg båda gångerna) BB-fåtölj och inte velat röra mig eftersom mitt lilla barn äntligen somnat. Tiden har stannat. Jag har blött igenom blöjor. Gjort eviga blodfläckar på det ljusblå. Armar har somnat. Ben domnat och jag har bara suttit still. Gråtit av stilla lycka. Stora långsamma tårar som splaschat mot det lilla mjuka huvudet.

Rädslan får ofta för mycket utrymme. Breder ut sig som en äcklig brun heltäckningsmatta överallt. Det är nästan lite coolt att vara rädd. Eller? Vi är som fångade i oss själva och tycker dessutom att det går framåt. Tror att det är liksom typ 2000-tal, jämlikhet, att till exempel få välja kejsarsnitt på grund av att man är rädd. Fy fan, vilken vek värld. »Ja, visst lilla vän, inte ska du behöva vara rädd och inte ska vi hjälpa dig med din rädsla heller.

Vi sprättar upp. Kapar toppen av isberget och låter det smälta på full effekt en minut i mikron. Pling. Så där. Då har du blivit mamma (fortfarande lika rädd för att föda barn men ändå), grattis!«

Är det inte rätt coolt att försöka sig på att faktiskt besegra sina rädslor istället för att skapa system för att få fortsätta vara rädd? Och är det inte 2000-tal och framtid att hjälpa dem som är rädda? Jag har aldrig haft något större behov av att utmana livet mer än vad livet utmanat mig. Det räcker jävligt gott.

PS. Jag sökte på Google. I Mellangården bor Lisa, Lasse och Bosse. DS.

På min axel
sitter en skata
och dyngar sig,
»den har
skadat benet«,
säger min son
och pussar mot
den i luften

HÄROMKVÄLLEN UNDRADE MIN sjuåring om han skulle få dras med sina koncentrationssvårigheter hela livet, om han alltid skulle vara som han är. Jag tänkte och svarade att han nog skulle lära sig att hantera dem, liksom hantera sig själv, och då förmodligen inte märka så mycket av sin aspergers och adhd längre. »Tror du att jag kommer att kunna bli en bra pappa då, att jag kommer att klara av att ta hand om mina barn?« fortsatte han.

Jag blev så himla glad eftersom han flera gånger sagt att han inte vill ha några barn, bara djur, mest fåglar. Jag har sett framför mig hur jag sitter i en stuga i skogen och dricker kaffe hos min tjugoårige son som just flyttat hemifrån, vi sitter där och pratar om hur pärlugglans näbb ser ut. På min axel sitter en skata och dyngar sig, »den har skadat benet«, säger min son och pussar mot den i luften. Jag ler lite stelt och duckar eftersom hela rummet är fullt av andra flaxande fåglar som antingen ramlat ur boet eller brutit vingen. Här och var ligger små fat med äppelbitar och annan rutten frukt som de kan picka i sig. Stugan luktar Skansen men min son är lycklig och med mig hem får jag nyvärpta, varma ägg från hans japanska silkeshöns. Det är så jag har föreställt mig min sons vuxenliv, så det är klart att jag blir glad när han pratar om att skaffa barn.

Jag svarar honom att det förmodligen redan står mass-vis av knytt på kö där ute i Universum för att få just ho-nom som pappa, att han kommer att bli en grymt bra pappa. Han ler, petar sig i näsan och följdfrågan blir så-klart: »Mamma, hur valde jag dig som mamma?«

»Jo, innan du kröp in i min mage så gick du omkring på ett jättestort varuhus, ungefär som Ikea du vet. Ett Ikea fast med olika mammor och pappor istället för oli-ka möbler. Därinne gick du och din syster och tjafsade om vilket slags mamma ni skulle ha. Heli ville nog ha en mamma som var mer hästintresserad, men du skul-le prompt ha en med humor. Just den kombinationen, humor i ridhjälm, var svår att hitta, tydligen tillfälligt slut, så ni gick och åt en korv istället. Efter att ha ätit tre fyra korvar, lekt i lekrummet och åkt rally på kundvag-narna, hittade ni äntligen mig. I fyndhörnan. Där stod jag, lite kantstött och smutsig men helt uppackad och klar att användas. Ni valde mig och du må tro att jag blev glad. Det firades såklart med att vi alla tre gick och åt en korv.«

Min son ler igen och petar sig ännu längre in i näsan. »Nu vill jag sova, mamma, sätt på *Glimmande nymf.*« Vi lyssnar alltid på Nina Ramsbys visskiva när vi ska sova. Ibland står vi som familjen Trapp i *Sound of Music* och sjunger den vid flygeln. Ja, vi har en flygel i vardagsrum-met som min sambo spelar på, men vi har också ett mögligt badrum. Hur som helst. Ibland står vi alltså vid flygeln och sjunger den tillsammans, jag och min son, och ofta händer det att han gråter samtidigt som han sjunger eftersom han blir så rörd av texten. Speciellt vid versen: »Cajsa du dör, himmel hon andas, döden ger liv och kärlek bortblandas«, då kommer tårarna och han fortsätter sjunga medan de rinner längs kinderna.

Jag sätter på våran sovskiva och han somnar som vanligt efter att vi kört hela skivan två gånger och kommit till sista versen igen: »håll med fiolin; god natt«. Aspergers syndrom har sina vackra, rörande sidor. Jag ligger vaken en stund och gläder mig åt att jag kanske kommer att få bli farmor. Farmor liksom, hale-bale-luliale! Undrar hur många trettioettåriga mammor som ligger och myser vid den tanken?

Ibland får min son tvångstankar. Som att han måste lukta i rumpan på en tjock gammal tant när vi står i kö i affären. Och sådana tankar kan man ju känna igen. Det är bara det att man ska klara av att stå emot dem också. Ofta viskar han i mitt öra: »Mamma hjälp mig, nu tänkte jag så där hemskt igen, jag vill inte lukta, har jag redan luktat, mamma?« Då får jag hjälpa honom bäst jag kan. Och så står vi båda där i kön och försöker att tänka på något annat än hur hemskt det vore om någon tvingade oss att lukta i den gamla tantens rumpa. Men det är inte så lätt när hon böjer sig ner i sin vagn för att lägga upp varorna på rullbandet ...

Klara och jag sitter på ett tråkigt tåg på väg hem från en inspelningsvecka i Malmö. Vi har redan ätit upp våra sallader, druckit kaffe, druckit vin och löst korsordet i tidningen Kupé. Mannen på bilden var Göran Greider. I Lund kliver en hel drös docenter och professorer på, de har dålig andedräkt, Göran Greider-frisyrer och pratar uppsluppet på engelska om några forskningsprojekt. Klara och jag tittar på varandra och inser att vi båda drabbats av samma tvångstanke. Vem skulle jag välja om jag var tvungen att ligga med någon av dem? Hu, hemska tanke, jag låser mitt underliv genom att lägga ena benet över det andra, men vänta: tvångstanken är inte klar ... Alltså: ligga med, plus (och nu kommer nästan det värsta) äta frukost med morgonen därpå? Och vid frukostbordet ska jag själv prata uppsluppet på engelska om den mänskliga fortplantningen på ett molekylärbiologiskt plan. Sista tilläggskravet i tvångstanken: jag kysser professorn på den lilla kala fläcken i mitten av huvudet och rufsar kärleksfullt i clownhåret på sidorna innan jag säger: »Hejdå, och tack för en skön natt, ring när du blir sugen.«

Min son och jag har alltså samma slags tvångstankar. Skillnaden är bara att jag vet att det aldrig skulle kunna hända i verkligheten. Att ingen kan se vad jag tänkt för tanke. Att en tanke inte betyder att man måste göra det på riktigt. Min son har svårt att skilja tankar och verklighet från varandra. Han tror ibland att han verkligen har gjort det han bara tänkt.

Så tänk om jag skulle gå av tåget i Göteborg, krama om min sambo som står där och väntar och faktiskt inte veta om jag knullat med just den där professorn. Jag valde till slut professorn i fågelvirusforskning, för att min son tycker så mycket om fåglar. Tänk om jag skulle tro att vi faktiskt gjort det på tågtoaletten. Framåtlutad över det lilla handfatet och i en halvt igenimmad spegel framför mig ett rödmosigt professorsansikte.

Jag sätter på sovskivan igen, en tredje gång. Tack Nina Ramsby, för en skön skiva. »Somna min nymf, dröm om min lyra, till dess vår sol går opp klockan fyra.« Jag behöver inte tänka mer. Jag drömmer att jag blir farmor. Farmor åt en flicka och farmor åt en kakadua. En dag står jag i affären med min stora tjocka farmorsrumpa och böjer mig ner i vagnen för att lägga upp mina varor på bandet. Bakom mig står en mamma och en pojke och ser allvarliga ut ...

Lilla tjocka ståuppkomikern, om jag skojar om mig själv så märker ingen hur ledsen jag är

DET ÄR HEMSKT att vara tjock. Alla som säger något annat ljuger. Ljuger så det sjunger om det. Sjunger den sorgligaste visan i världen. Det värsta är tjocka människor som driver med sig själva om hur tjocka de är. Typ: jag har gett upp, men om jag skojar om mig själv så märker kanske ingen hur ledsen jag är, hur obekväm jag är. Vilka problem jag egentligen har. Hur otrevligt det är när låren skaver mot varandra. När det är svårt att andas. När jag svettas. När jag skäms och drar i tröjan så fettvalkarna inte ska synas så tydligt. När jag tittar på alla som är smalare och flyger som lätta små fjärilar genom livet.

Jag vet. Jag har varit tjock. Riktigt tjock. Och jag hatade alltid gympan i skolan. Hatade duschen och killarna som låg och kikade in genom fläktsystemet. Jag hatade alltid alla skolavslutningar. Finkläder. Alla discon. Alla stunder då jag tvingades ner i byxor som var för trånga, alla gånger vi skulle låtsas att jag var snygg fast jag inte var det. Fast jag var fulast på hela jävla Djurgårdsskolan och nästan fetast av alla. Det fanns bara en fetare och han köpte mina pannkakor för tjugo kronor styck, alla i hela matsalen garvade. Åt honom. Åt mig. Mest garvade jag. Rått och kallt åt mig själv. Att vara rolig var mitt enda sätt att överleva. Det fattade aldrig de vuxna. De

44

tyckte att jag var charmig för att jag förekom allt och alla. För att jag alltid gjorde narr av mig själv innan någon annan hann. Lika bra så. Jag kryssade mellan fettisminorna, mellan glåporden, som värsta Anja Pärson. Allt parerade jag. Och trots att killarna aldrig ville vara ihop med mig så ville de gärna ha mig bredvid när de satt och hånglade med sina små söta lucior, så att det inte skulle bli för tråkigt. Luciorna kunde ju knappt prata. Luciorna behövde aldrig öva upp den förmågan. Luciorna som inte ens kunde ta en ton rätt. Så jobbar också de flesta skolluciorna i trav- och korvavdelningen på Ica Maxi nu. Ketchup? Senap? Rätt åt er! Jag var ju så rolig att vara med. Så rolig. Så tjock. Så sorglig. Så satans olycklig och sårad av hela jävla situationen.

En gång råkade jag bli lucia av misstag. Det var lottdragning på musikskolan. Och jag minns frökens mun när hon såg att det var min siffra hon dragit. Hur hon liksom knep ihop munnen om nummer sexton. Hur hon inte riktigt ville säga det. »Nummer sexton: Maria.«

Ja, jag minns hur alla barnen tittade ner i sina bänkar och hur någon som inte lärt sig tänka tyst ropade: »Nej, det går ju inte!« Och jag hann inte förekomma. Jag drunknade inuti mitt eget blodfyllda, högröda ansikte. »Nej, det går ju inte!«, och jag skrattade. Skrattade hjälplöst. Skrattade för att skydda mig. »Jag vill ändå inte. Ni kan dra om.« Men fröken skyndade sig att samla ihop sig. »Nej, men vad roligt, en korthårig lucia.« Jag hade kort, mörkt, snaggat hår som stod upp som en brun höstig gräsmatta ur kronan och mamma var tvungen att binda ihop två röda snören för att det skulle räcka runt min midja. Och om ingen märkte det så kan jag berätta att jag sjöng vackrast av alla.

När jag var tretton fick jag anorexia. Jag var tydligen tvungen att bli lika smal som jag hade varit tjock. Det slog liksom över. Jag kunde plötsligt kontrollera hela världen genom kalorier. Kalorierna var min ingång till killarna. Min första nyckel till kärlek. Ju färre kalorier, desto fler killar. Att vara för smal var fan så mycket lättare. Alla tyckte så synd om mig. Alla tyckte jag borde äta. Det var hundratusen gånger lättare. Jag behövde inte vara rolig. Jag kunde bara vara tyst och smal. Alla såg mig ändå. Killarna ville plötsligt kyssa mig. De ville inte bara ha mig bredvid, de ville ha mig i knät, ta mig på brösten, de små brösten som sakta försvann under tröjan. Försvann för att jag aldrig åt. Skit samma. Mitt hjärta bankade så det ekade i revbenen. De ville ha mig och jag var lyckligare än någonsin. Sjuk. Men lycklig. Mensen slutade komma. Jag blev yr. Jag frös. Jag fick åka till ungdomspsyk, vägas varje vecka. Prata med psykologer och läkare. Men jag hade killar. Jag fick hålla handen, min blåaktiga lilla hand med dålig blodcirkulation i någon annans mycket större. Och allting var mycket lättare. Jag var inte längre någon Tjorven, jag var en lucia. En ljusbärare som kunde skrida alldeles tyst genom uppehållsrummet i en tajt gråmelerad topp från Ellos. Det räckte så. Jag behövde inte längre skämta bort hela mig själv. Vända mig ut och in i självironi för att få vara med. För jag var inte längre tjock. Jag var en fjäril. En dagslända som skulle ta igen tusen förlorade dagar på en enda. Och runt hela Jorden ljöd de underbara orden: »Gud, vad smal hon har blivit. Nu får hon väl ändå inte gå ner mer.«

Jag började gilla gympan, gilla att killarna kikade på mig genom fläktsystemet. Och Gud ska veta att jag två-lade in mig mycket noggrant och medvetet. För vad alla än säger så är det svårt att lära sig att respektera sig själv om man inte ens ser sina egna fötter när man duschar, om naveln inte syns när man sitter. Om låren lappar över varandra och huden brister innan man ens blåst ut tio ljus på tårtan. Och om man inte respekterar sig själv blir man aldrig älskad för den man är. Så grym är världen. Så lyder den skoningslösa kosmiska lagen och ingen tjockis slipper igenom, never ever. Hur mycket Bolibompapro-gramledarna än åker omkring på skolorna och föreläser om att alla får vara som de är, att alla är olika. Jag var inte som jag ville vara. Jag ville inte vara tjock.

Fan för de gånger jag legat och tänkt »varför luktar han mjölk?« och inte »vilken skön kuk«

STÄDAT OCH KRAVLÖST. Så gör man mig kåt. Eller rättare sagt: så hjälper man mig att hitta fram till min kåthet. Det räcker alltså inte med att städa undan all bröte, dammsuga, skura golv, lukta gott och vara glad. Förväntningarna på sex får inte heller hänga som vita amerikanska dödsbolakan över alla möbler i vårt nystädade hus när jag kommer hem (jag har aldrig sett det i svenska filmer). Inte hänga som en »bus-Arne-hink« full med kallt vatten ovanför ingången som jag får över mig så fort jag öppnar dörren. »Hej älskling! Titta vad fint jag har städat hela dagen, och nu har jag gjort middag och sedan ska vi knulla! Kom så skyndar vi oss och äter för jag är jättekåt.« Inte så. Inte så. Min man ska bara säga: »Hej älskling, sätt dig ner, nu äter vi, dricker vin och sedan masserar jag dig och du får gärna somna om du vill.« Inget mer. Inget annat. Att säga till mig att jag får sova om jag vill är ett perfekt sätt att älska mig. Ett sätt att visa mig kravlös kärlek. När min man säger så får jag lätt att andas, blir jag lugn. Fri. Och ganska ofta kåt. Fast inte förrän dagen därpå, inte förrän jag fått sova ut i den underbart sköna kravlösheten. Sen jävlar blir det åka av, som raggarna hemma på Torggrillen i Värmland brukade säga när de öppnade sin stora gnissliga bakdörr. »Nu du bruden blir det åka av.« Och jag bad tyst till Gud och åkte så håret stod rätt ut.

Städat och kravlöst är ett perfekt sätt att visa mig kärlek. Ett perfekt förspel. Förspel får gärna ta flera dagar. Inte några tonårsaktiga tjugo minuter. Det är ingen grädde vi ska vispa. Kanske blir jag just kåt bara för att jag vet att jag inte måste något mer den här dagen. Bara för att ingen försöker så in i helvete, bara för att jag själv får lov att välja, för att jag för en gångs skull vet att hur jag än väljer så gör jag ingen besviken. Ingen man. Inga barn. Nu är det bara jag och min lust och jag följer den som jag följde den röda tråden i boken *Någon* när jag var en liten flicka. Någon var en liten svart katt (fast det fick man inte veta förrän i slutet) som hade tagit ett nystan och nystat runt det i hela huset. I slutet av boken, när man hade följt den röda tråden genom en massa rum och uppför en massa trappor, hittade man till slut den lilla katten i ett dammigt skåp på vinden. Där låg han och spann i en vas med sitt lilla röda nystan. Med det lilla som var kvar. Jag känner igen mig. Någon är jag. Någon är min kåthet. Jag hittar när jag får leta ifred. Men man ska vara tyst, för jag måste smyga så att jag inte skrämmer mig själv.

Att jag själv ibland får ta initiativet till sex, hur lång tid jag än behöver på mig, är livsviktigt för att jag ska känna sexet i min kropp. Om det så tar två veckor. Vem bryr sig. Jag vill vara med när jag har sex. Inga fler jävla husfridsknull. Aldrig mer. De är avskaffade i min egen Högsta domstol. Nerklubbade tillsammans med min man. För de lurar oss bara båda två. Fy fan för de gånger jag legat uppe i ett hörn och stirrat på min egen guppande stjärt, mitt eget tafatta bleka ansikte. Och undrat varför inte jag är lika röd i ansiktet som han. Varför jag fortfarande fryser om fötterna när han svettas. Fy fan för de gånger jag legat och tänkt: »Varför luktar han mjölk?« och inte: »Vilken skön kuk!«

Nej. Jag står från och med nu upp för mig själv som den psykologiskt komplicerade sexuella varelse jag är. Ibland har jag lust. Ibland inte. Och jag är hellre över-känslig än underkänslig. Hellre typen som stannar upp och väntar in än den som kör över både mig själv och andra. För man kör även över sin partner när man inte är med på åket. Förr eller senare får han fan för det. Var så säker. Nej, så ska jag inte ha det. Inte mera så. Den mannen jag älskar ska sannerligen veta att när jag väl vill och när jag kommer så låtsas jag aldrig. Då är jag närva-rande. Då är jag innerligt dyngkåt. »Be till Gud, älskling, så åker vi tills håret står rätt ut.«

Det var redan
för sent.
Superduper-
mamman grät
så att masca-
ran rann
mellan brösten

JAG HAR MINA två barn varannan vecka. När barnen är hos mig försöker jag såklart vara den perfekta mamman. Superdupermamman. Den starka, kärleksfulla, sunda, tydliga och påhittiga mamman. När barnen sedan åker till sin pappa åker all moral med dem. Första dagen utan dem blir jag alltid deprimerad, håglös och jättetråkig att umgås med. Jag sörjer min förlorade tid med dem och skiter rätt fett i allt. Rutinerna åker i väggen och jag dricker mycket mer vin än jag borde.

Jag spelade teater när jag var liten. Turnerade med en föreställning om Skogsmulle. Tänk om jag vetat det då, att den präktige Skogmulle minsann sitter och röker cigaretter i sin grankoja om kvällarna. Att han så fort alla barn gått hem, så fort ridån gått ner, super sig full tillsammans med självaste Skräpmaja. Kollikok!

Sist min mammavecka tog slut och jag lämnade mina barn till deras pappa var jag och min sambo bjudna på middag. »Åh, vad mysigt det ska bli«, hade jag sagt hela veckan, »gå på middag, vara barnledig.« Efter maten och några glas vin, lagom till kaffet och en lite för stor whisky började jag darra i underläppen. Av lycka, sorg och hela helvetet. »Vi kanske ska byta musik«, sa kvinnan som bjudit oss på middag. »Ja, gör det«, sa min sambo som visste att Antony and the Johnsons *Hope There's Someone* inte var någon bra bakgrundsmusik om man bjudit Mia Skäringer på middag hennes första barnlediga kväll. Men det var redan för sent. Superdupermamman grät så att mascaran rann mellan brösten. Snörvlade, vevade med armarna, pratade för högt, för mycket och för länge om allt.

När jag fick mitt första barn var jag helt skogstokig. Jävel, vad perfekt allt skulle vara. Jag läste till waldorflärare och var så gott som svanenmärkt och ekologiskt odlad hela jag. För det första skulle jag inte föda på BB, jag skulle föda hemma, i vår trånga tvåa, i en bassäng i köket. Min dåvarande man skulle koka vatten och badda min panna. När allt var klart skulle vi ligga där och gosa som en riktig Katerina Janouch-familj (jag visste inte då att hennes man hade knarkat, jag visst inte att livet inte bara kunde vara svart eller vitt, jag trodde på allt jag såg och ville vara helt perfekt). När vi hade gosat en stund skulle vi gå ut tillsammans och gräva ner moderkakan i jorden, sedan skulle vi köpa ett träd och plantera där, ett livets träd ... Kollikok! Efter 24 timmars värk blev jag klippt. Moderkakan såg jätteläskig ut. Underlivet var lika svullet som en baseboll och min man fick knappt sova kvar på BB.

När jag fick mitt andra barn hade livet slipat ner mig till en, ja, vad ska man säga; wannebe-kaffe-latte-morsa. En sån där mamma som gör slingor i håret innan stygnen i underlivet läkt, en sån där med svindyr tvillingjoggingvagn. Stridsvagn med luftpumpade hjul och take-away-latte-hållare, som dundrar genom stan, som skriker: »Titta, här är jag, nybliven mamma, snygg, på gång, snart börjar jag jobba igen och medan bebisarna Plasma och Silver tittar på Boli knullar jag och min man passionerat med varandra på värmegolvet i badrummet.«

Tyvärr hade vi inget värmegolv i vårt badrum, däremot fuktskadade våtrumstapeter som man kunde ligga och pilla på om man någon gång råkade ligga på rygg på golvet mellan klockan sex och halv sju. När vi väl fick ett snyggt badrum med värmegolv var allt redan för sent. Något hade punkterat lufthjulen på vår tvillingvagn och vi kom inte längre framåt. Kunde inte längre göra varandra glada. Därför har jag mina barn varannan vecka.

Efter att ha gråtit mig igenom hela Antonyskivan somnade jag till slut i en snygg italiensk soffa, förmodligen dreglade jag väl också, så där som folk som somnar på tåg gör med halvöppen mun, bakåtlutade och helt utelämnade till sin sömn. Kvinnan, hennes man och min sambo hade burit in mig till dubbelsängen. Tagit av mig skorna, min skjorta och nattat mig. Sov så gott lilla vän, det är inte lätt att vara en helylle, en superduper. På morgonen kräktes jag två gånger i hennes buskar, sedan fick min sambo ringa efter en taxi eftersom jag inte ens var nykter nog att gå hem. »Ska bli kul att se ditt humorprogram, Mia«, ropade kvinnan innan jag fått igen taxidörren. Så blev det morgon den första dagen på min barnlediga vecka. Och Gud hade skapat ångest och såg att det var gott.

Sadomaso-
chismen gav
ändå sina
tålamodspoäng

VI HYRDE EN SEGELBÅT i somras, jag och min sambo. Fem barn och två vuxna på en åtta meter lång segelbåt. Och vi kom väldigt nära varandra.

Hans barn har ju till exempel aldrig förr sett mig kissa i en hink. På snedden, eftersom hela båten konstant lutade, segelbåtar gör visst ofta det. Lutar så in i helvete. De såg rätt allvarliga ut när jag pressade ner min bak i den trånga, vita plasthinken. Kanske tänkte de att det här kommer vi att få gå i terapi för när vi blir vuxna, det här är sånt som inte barn ska se. Jag kunde bara inte hänga ut min bak över relingen på infarten till Marstrand. Dessutom satt kronprinsen och Mette-Marit i sin båt och drack sin morgonchampagne när jag skvätte ut hinken. Jag tyckte nog att det räckte så.

Om man vare sig kan navigera, hissa segel, slå, skota hem, skota bort, gippa eller styra så finns det alltid andra trevliga uppgifter ombord på båten. Se till så att ungarna inte slår ihjäl varandra eller ramlar i vattnet. Servera kapten (vissa kvinnor kallar sina män kapten när de är ute och seglar, jag hörde det flera gånger) kaffe och smörgås. Ta av och på flytvästar.

Om man samtidigt mår ganska så illa får man också den lilla extra utmaningen att försöka att inte spy på någon. Klarar man detta i tre timmar får man oftast gå iland någonstans, gå på en riktig toalett, tvätta kläder i en riktig tvättmaskin, köpa ett paket cigaretter fast man egentligen inte röker, och bara ta det lugnt ett dygn innan det är dags att kasta loss igen. Ta det lugnt, alltså: springa efter barn på bryggan, se till att inte någon drunknar, se till att barnen fortfarande inte slår ihjäl varandra, laga middag på ett pyttelitet gasolkök som slår upp stora flammor och bränner trätaket när ungarna äntligen samsats i ett parti Yatzy. Ut alla ungar, det brinner!

Så när kapten har hjälpt den lilla hushållerskan att släcka elden kan vi äntligen äta våra korvskivor under kapellet i sittbrunnen medan regnet öser ner. På kvällen spelar kapten gitarr och sjunger för barnen. Hushållerskan har en halvtimme ledigt, hon tar sig en whisky, smygröker och tittar på Lexingtonbåten bredvid, den helt perfekta familjen med strukna vita kläder, små uppradade kryddväxter, dyra viner, dator, tv, dusch och toalett.

Jag tänkte att om jag bara får ha lite sex så ska nog tålamodet räcka till alla barn och hela segelveckan. Att ha sex i en liten, trång och fuktig förpik för tankarna till sadomasochism. Båten slår en oavbrutet i huvudet, man får inte luft och man får absolut inte skrika eftersom man kan väcka barnen. Det är bara pingpongbollen i munnen som fattas. I Marstrand kan man inte heller öppna ruffluckan eftersom Mette-Marit säkerligen inte vill bli väckt av stön och stånk från tattarbåten.

En dag gick motorn sönder. Det blåste rätt mycket och regnade. Det regnade alla dagar men det regnade mer just den här dagen. »Vi måste göra en segeltilläggning«, sa kapten. Jag skulle förlora min segeloskuld medan varenda gubbe i varenda båt tittade på. De såg att jag var rädd. Att göra en segeltilläggning med en segeloskuld när det blåser mer än åtta sekundmeter och dessutom hällregnar gör antagligen kärleken starkare på sikt, men det är inte säkert.

På kvällen när jag äntligen lugnat ner mig spelade kapten gitarr igen. Barnen var glada och fick somna med kläderna på. Jag, hushållerskan, fick lite ledigt. Jag letade upp en ny Lexingtonbåt att titta på. Så efter en ledig stunds självplågeri och avundsjuka var det dags att gå och lägga sig. »Kapten och hushållerskan i den trånga och fuktiga förpiken.«

Men sadomasochismen gav ändå sina tålamodspoäng. Glada, tillfredsställda hushållerskemammor orkar mycket mer, glada kaptenspappor lagar motorer mycket bättre. När vi sedan mitt i natten öppnade luckan för att vädra ut all kärlek och ta en liten whisky såg vi pappan på Lexingtonbåten ta på sig sin prassliga, svindyra seglarjacka och smyga iväg med en annan kvinna.

Jag längtade inte mer efter någon sådan båt under semestern. Jag kissade i min hink, lärde mig hur man hissar ett segel, hur man skotar hem och hur man angör en brygga. Veckan efteråt styrde jag båten själv och vinkade glatt till de andra kaptenerna på havet. Motorn fungerade och jag kunde lätt hoppa iland med repet.

Idag har jag faktiskt letat segelbåt på Blocket. Det roligaste vore ändå en Colin Archer. Då kunde barnen få egna sängar och jag en liten toalett. Dessutom skulle det inte göra lika ont att ha sex på sin semester. Ett stort och härligt tattarskepp fyllt med glada, skitiga ungar, en kapten Jack Sparrow och en Elizabeth Turner som punkterar varenda Lexingtonfender med sitt svärd.

För jag vet:
man kan inte
pilla varandra
i naveln jämt,
inte gå med
hjärtat i han-
den på krogen

JAG ÄR FÖDD i vågens tecken. Jag är en sån där människa som behöver balans. Hela livet har jag försökt och ändå ligger jag fortfarande i fosterställning och dreglar i ena skålen, ändå släpar fortfarande ena skålen i marken som en gungbräda med bara en person på. Jag. Och hur mycket terapeuterna än försöker väga upp mig, sitta på andra sidan brädan, så faller jag ner igen, så tar känslorna över.

När jag var småbarnsförälder brydde jag mig inte ett skit om mina vänner. Jag orkade inte med någon mer än mig själv och barnen. Inte ens mannen jag levde med. »Ta inte i mig för i helvete, jag har precis stoppat in brösten för idag. De har hängt utanför i tjugofyra timmar, du kunde väl ha kommit tidigare. Nu är butiken stängd och varenda jävla vara är slut. Hejdå och godnatt.«

Och om mina vänner ringde mig på kvällen för att bara snacka lite. »Säg att jag sover, jag orkar inte prata.« Orkar inte. Orkar inte. Barnen slukade mig hel och hållen, som en orm slukar en kanin, och klockan tio på kvällen spottade ormen ut skelettdelarna i soffan. Jag orkade inte prata i telefonen. Förlåt. Jag orkade inte lyssna. Förlåt.

Nu bryr jag mig igen. Och nu handlar inget om att orka

längre. Era garv, eran gråt, era analyser av mig, era bekymmer, era liv som speglar mitt. Igenkänningen. Lyssnandet. Förståelsen. Tilliten. Jag klarar mig inte utan er, kompisar. Klarar mig inte.

Jag har inte många vänner. Jag känner många. Och ännu fler känner mig. Jag har kanske fem riktiga vänner. Sedan har jag människor som står mig nära. Nära på andra vis. Speciella vis. Uttalade och outtalade. Jag försöker att inte identifiera alla relationer i vänskap, kärlek, sex. De får vara som de vill. Som kärlek är. Vilket jävla flumsnack va! Nej, jag knullar inte mina tjejkompisar, nej, min man och jag har inget öppet förhållande, men frihetstanken är skön, den släpper in ljus och ger syre. Jag har lätt för att älska människor. Lätt för att älska men svårt för ytliga bekantskaper. Jag viker alltid ut mig för mycket. Slänger av mig kläderna direkt. Pratar för mycket eller för lite. På eller av. Vill du ha mig eller inte? Ibland blir nakenfisen älskad och ibland får hon lomma hem med svansen mellan benen. Ibland men ganska sällan får jag en ny nära vän. En riktig kompis.

Mingla. Småprata. Hålla tillbaka. Det har jag aldrig kunnat. Stå snyggt i en bar med hög musik. Jag får skitont i ryggen, i fötterna, i hjärtat och jag hör inte vad någon säger. Ska jag lyssna på musiken eller människorna och i så fall vilken av alla människor? Alla pratar ju. Och vad får jag säga och inte? Hur mycket ska jag berätta om mig själv och hur mycket ska jag spara? Vet inte vad man ska göra om man inte pillar varandra i naveln, om man inte pratar känslor. Om man inte känner. Jag blir rädd. Osäker. Fånig. Jag borde lära mig för jag vet: man kan inte pilla varandra i naveln jämt. Inte gå med hjärtat i

63

handen på krogen. Det blir rött och irriterat till slut. Man måste inte alltid rota i alkoholiserade pappor, dåliga sexliv och andra djupa hål. Man behöver inte alltid sitta med stora rödvinsmustascher och gråta så mascaran rinner. Man kan ta på sig en jävligt snygg tröja och bara mingla. Prata lite jobb (fy fan, vad tråkigt att stå och rabbla alla karaktärer i *Mia och Klara*, då får vi prata om ditt jobb, bara du inte jobbar med data eller reklam för det orkar jag inte prata om). Prata hus och renovering.

Prata människor. »Åh, titta där står hon också. Vad kul!« Henne gillar jag inte alls egentligen, men jag flinar upp mig och låtsaskramas. Hoppas hon ser mina nya dyra Huntergummistövlar. Låtsasvara. Allt är lättuggat. Som överkokt pasta, bara att svälja. Det låter skönt i mina öron. Skönt för mitt hjärta som droppar ner på golvet. Jag ska fanimej köpa Huntergummistövlar och hoppas på att det regnar hela hösten. Eller får man ha dem på sig när solen skiner också? De kostar ju ändå tvåtusen spänn. »Nej«, säger mina riktiga vänner, »det är ju därför vi älskar dig, för att du är så känslig. Inte behöver du köpa Huntergummistövlar. Du är en känslomänniska. Känslomänniskor behöver inte Huntergummistövlar. Din uppgift här på jorden är att säga det ingen annan vågar.« Flum, flum. Min uppgift? Det är ju bara för att jag aldrig lärt mig något annat. Jag kan ju för fan inget annat.

»Jo«, säger jag. »Jag behöver Huntergummistövlar.« Är det några människor som verkligen behöver Huntergummistövlar så är det känslomänniskor, som en stor rågummikondom runt hjärtat. Jag är trött på att alltid vara blöt om fötterna, osäker och sårbar. Trött på oba-

64

lansen i mitt liv. Trött på alla fucking jävla känslor hit och dit. Jag vill vila från mig själv. Jag vill väga jämnt.

Hur funkar Tretorn? Jag har ett par gröna. Vem kan jag fråga? Mina vänner fattar ingenting. De älskar mig som jag är. De köper stövlar på Överskottsbolaget, alla utom en. Henne kanske jag kan ringa. Henne ringer jag.

Så överpråk-
tigt att jag får
lust att dra ner
byxorna och
börja smeka
mig själv på
båtdurken
för att få lite
kontrast

JAG SITTER PÅ båten hem till min ö och stör mig på en kvinna som äter äpple med kniv. I sitt knä har hon lagt en marinblå servett, sedan lindat upp en kniv ur fem lager papper, papper som hon också använder för att putsa äpplet en hel minut innan hon börjar skära till sina lagom stora bitar och stoppa dem i munnen med spetsen på kniven. När hon smaskat färdigt stoppar hon kärnhuset i en liten plastpåse som hon naturligtvis också har med sig. Så överpräktigt att jag får lust att dra ner byxorna och börja smeka mig själv på båtdurken för att få lite kontrast. (Om en vecka ska jag ha min mens, dagarna innan stör jag mig på allt som rör sig. Jag är vidrig.) Jag undrar vilken sorts morgon hon har när hon kan förbereda en liten äppelstund på det viset. »Hmm, ska vi se. I eftermiddag kommer jag att vilja äta ett äpple, vad behöver jag då ha med mig ...« Klart det sticker i ögonen på en småbarnsmamma som känner sig som en ganska lyckad människa om hon överhuvudtaget hinner med rätt båt.

Fem barn ska hitta sina skor, ryggsäckar, jackor utan att slå ihjäl varandra. I vårt hus förbereder vi inga äppelstunder. Ofta tänker jag att det vore kul att hinna klä upp mig lite innan jag åker in till stan och jobbar. Klackskor, lite läppstift liksom. Men hur jag än gör har jag aldrig mer än tio minuter kvar och elva minuter är vad det tar om man ska hinna gå till båten. Jo, en gång hann jag. Men då glömde jag tampong. Så när jag en timme senare satt hos min revisor och pratade om vad mitt företag skulle heta, blödde jag igenom byxorna. Bor man ute på en ö är det ju inte bara att springa hem och byta heller. Man får helt sonika knyta en kofta kring midjan och verka som om man har full koll på läget. »En så kallad Skäringer Produktion« (det är vad mitt företag heter). Undrar hur äppelkvinnan förbereder sin handväska när hon har mens, har hon speciella plastpåsar till det också?

Jag brukar ofta tänka på uttrycket »Det är mer liv i livet om döden är med«. Jag översätter det till lite olika saker, till exempel: »Om man kombinerar klackskor och läppstift med att ha blött igenom byxorna kanske man på något vis ger ett ödmjukare intryck?«

Härom veckan skulle jag till Stockholm för att plåtas för en tidning. Plåtningen i sig var rätt bajsnödig och kall. Modeinriktad. Jag tvättar håret på morgonen, mitt eget schampo är slut så jag får ta barnens, det här som inte svider i ögonen med åttio procent balsam. Så, med jättefluffigt och flygigt hår sätter jag mig på båten in till stan. Stör mig på kvinnan som äter äpple med kniv igen bara för att jag vet att allt ligger färdigt i handväskan och väntar på båtturen hem, på eftermiddagsäppelstunden. Hon får aldrig slut på schampo hemma, hon köper flera flaskor på samma gång. Innan den ena hunnit ta slut ställer hon prydligt fram den andra, så hon ska slippa det obehagliga överaskningspruttet från flaskan när den tar slut. Lika bra att vara förberedd på livet så att man slipper leva.

I alla fall. Jag sitter på båten och är kissnödig. Så där lagom kissnödig. Jag tänker att jag går på toaletten på stationen när jag kommer fram. Det klarar jag. På bussen in till stationen blir det värre. Det svider i magen och gör ont, jag har hållit mig för länge. Då stannar trafiken. Bussen står still, det har hänt en olycka och vi kan inget göra, bara vänta. Tåget till Stockholm går och jag sitter kvar i bussen. Jag ringer stylisten i Stockholm och säger att vi missat tåget, att vi blir sena, medan jag hela tiden försöker koncentrera mig på att inte kissa på mig. Efter ett tag klarar jag inte av att vara kvar på bussen, jag ber chauffören att släppa av mig så jag kan gå till spårvagnen istället. Runt spårvagnshållplatsen finns inga buskar, bara mycket folk och jag kan inte gå iväg eftersom jag inte får missa vagnen, eftersom det skulle innebära att jag kan missa ytterligare ett tåg. Jag tittar på odlingslotterna bredvid spåren, kanske kunde jag klacka mig in där och snabbt dra ner byxorna. Men va fan, tänk om någon känner igen mig, tänk om jag kissar på myntabladen som den grekiska mamman odlar, mamman till sonen som driver min grekiska favoritrestaurang. Nu kommer vagnen också. Jag gråter nästan när jag stämplar och tre stationer innan Centralstationen måste jag gå av. Nu har jag riktig tokångest för nu mår jag illa, så kissnödig är jag. Om en sekund kissar jag ner mig, på riktigt alltså. (Jag har verkligen varit noga med alla knipövningar efter förlossningarna och har aldrig kissat ner mig ens en droppe.) Jag går ansträngt och sakta in på första bästa hotell. Jag frågar kvinnan i receptionen så vänligt jag kan: »Skulle jag kunna få låna er toalett, snälla?« Hon tittar på mig som om jag vore en hund och säger: »Det finns toaletter på Centralstationen.« »Jo, jag vet det«, säger jag, »det var dit jag skulle men det går inte ... öhe, jag, alltså ... jag håller på att ... att få blodsockerfall, jag har diabetes, jag måste ta en spruta.« Detta är vad som kommer ur min mun och i samma stund som jag nu skriver ner det ber jag samtliga med diabetes om förlåtelse för vad jag gjort, vad jag sagt och att jag ljugit. Jag klarar alltså inte av att säga att jag håller på att kissa på mig så jag säger att jag måste ta en spruta. Ungefär där börjar det bli varmt i byxorna. Det är så jag minns det, även om det mesta i sådana här traumatiska situationer blir suddigt. Jag känner samma värme i byxorna som när jag var riktigt liten. Jag blundar, tårarna rinner, men kvinnan väcker mig snabbt ur min regression. »Du får gå till Centralstationen säger jag, där finns toaletter.« »Tack«, säger jag, på det kaxigaste viset jag kan, och går ut på gatan medan det rinner innanför mina jeans. Magontet släpper, likaså illamåendet, och jag börjar skratta eftersom jag vet att jag snart kommer att få berätta allt för Klara som står och väntar på stationen. Det är mer liv i livet om döden är med.

Kvinnan som äter äpple med kniv har nog en sådan där liten latrinbunke man kan köpa på Designtorget i sin handväska. En färgglad plastbytta med lock att kissa i när man är på typ festival och behöver få det gjort under konserten. Jag ska köpa en sådan. Jag ska dessutom sova över i Stockolm, så i min ryggsäck finns extrakläder. Att fotograferas för ett modemagasin med vetskapen om att man tidigare på dagen kissat i byxorna ger förmodligen ett ödmjukare intryck och mer äkthet i blicken. Naturligtvis kan jag inte berätta något för modefotografen, vi har inte riktigt samma humor. Han är nog mer ständigt bajsnödig liksom, har nog aldrig kissat ner sig. Humor bygger ju på igenkänning. Klara känner igen sig i mig och hon skrattar när vi står där i klackskor och låtsasmålar en vägg ...

Ursäkta mig, men mammor är väl också människor?

NÄR JAG VAR 23 och fick Alfred hade jag dyngsvårt att få någon fason på dygnet. Mat och sömn flöt ihop till en enda seg dimma. I efterhand känns det som om vi aldrig var riktigt vakna och aldrig riktigt sov. Vi gick typ blindbock ett helt år. Alfred åt dygnet runt och sov bara med ena ögat. Det vill säga: om jag drog ut bröstet ur munnen på honom skrek han direkt. Skrek sig blå. Skrek sig gul. Heja Sverige friskt humör, det är det som susen gör. Vi slet sönder varandra. Och på BB applåderade barnmorskorna.

»Åh, vad han suger bra, låt honom suga på bara, suga så mycket han vill.« Suga ut hela dig. Det är bra för barnet. Tryggt för barnet. Tryggt för barnet, tryggt att ha en morsa som aldrig sover, som får ett psykbryt endera dagen och hoppar ut genom fönstret (vi bodde på andra våningen, jag hade lätt överlevt, kanske vrickat en fot på sin höjd).

Sju till nio gånger ville Alfred suga varje natt vårt hela första år tillsammans. Klockan halv fem ville han dessutom alltid gå upp. Då började hans dag. Vi satt i köket, han i babysittern och jag i mina fula trosor på en alldeles för kall stol. Satt där i mörkret medan han sög på en träslev och dreglade in den nya dagen. Satt där i

73

mörkret och dreglade båda två. Tittade på grannens fula gardiner. Väntade på att gatlyktorna skulle släckas. På dag. På ljus. Kraft. Sömn. Ett helt år. Höst. Vinter. Vår och sommar. När hösten sedan kom igen och träsleven var fuktskadad fick jag bara nog. Nej, nu jävlar ska här sovas! Sovas i tusen år. På ärtor eller vad fan som helst. Bara sova.

Mina krav var enkla och skitsvåra. Jag ville sova hela natten. Jag ville inte ligga på fönsterbrädan mera, inte tryckas ihop som en sardin, jag ville få plats i sängen. I min egen säng. Och jag ville inte gå upp halv fem var-eviga dag. Ursäkta mig, men mammor är väl också män-niskor? Eller är mammor inte riktiga mammor om de har lite krav på hur de själva vill ha det? Ibland undrar jag faktiskt.

Självuppoffring verkar vara en riktigt utbredd ideal-mammastil. Typ: Lev genom barnen så mycket du bara orkar. Och skit i allt som har med dig själv att göra. Köp aldrig något åt dig själv. Sätt aldrig dig själv i första rum-met. Klä ner dig. Sluta knulla. Jobba kvar på ditt tråk-jobb. Sluta utvecklas. Allt är ändå för sent och magen hänger. En självuppoffrande idealmakaronmamma. Stu-va. Skjutsa. Stuva. Sitta och röka på balkongen när ung-arna somnat. Röka i ensamhet och olycklighet. Drömma sig bort. Röka och tänka trösttankar som: Jag går i alla fall på ridskola med tösen och på fotboll med pojken. Och jag är engagerad i skolrådet och jag är klassmamma och jag säljer min sons jultidningar. Eftersom han inte orkar själv. Skit samma om jag och min man inte knullar längre. Förra året köpte jag minsann tjugofem par vita tubsockor som pojken skulle knacka dörr och sälja till klassresan. Tjugofem par. Tvåtusenfemhundra kronor och nu har jag tubsockor resten av livet. Tubsockor tills jag dör. Om jag inte redan är död. Ingen vet hur olycklig jag är. Inte ens barnen. Jag är i alla fall en bra mamma. Och på balkongen lyser en liten glöd i mörkret. Mammas lilla glöd. Mammas egen tid när barnen har somnat. Och ingen kommer att tacka den mamman.

I alla fall. Jag kände att psykbrytet var nära. Tvångströjan struken och framlagd. Så jag bestämde mig för att sluta amma. För att ta tillbaka mig själv igen. Alfred var ju ett år och hade sugit i 365 dagar fördelat på två små bröst. Mest på det ena. Favvotutten. Vi förberedde oss. Stålsatte oss. Och drog ur kontakten. I tre nätter skrek han ut sin sorg, sin förtvivlan. Och vi tröstade, viftade med vällingflaskan, tröstade, vaggade, sjöng, dansade, badade, ja, vi badade mitt i natten. Snacka om att avleda på fel sätt. Tänk att behöva gå upp och bada varje natt. Jag känner en kille som måste blåsa på sin son med hårfön varje natt. Blåsa honom i ansiktet för att det gör hans lille kille lugn. För att han gjorde det när inget annat hjälpte.

Äntligen sov Alfred, i alla fall tre fyra timmar i sträck. Då var det såklart dags att bli gravid igen. Nämen, varför inte? Så har ni det gjort, som folk sa. Gjort. Blöjåren i ett svep, liksom.

Den här gången skulle det bli annorlunda. Inte in i grågröten igen. Jag var skoningslös. Och rutinerna var mitt allt. Heli fick direkt lära sig att sova i sin säng. Heli fick bara äta på natten den första månaden. Sova. Äta. Vara vaken en stund. Äta lite till och sova igen. Redan efter en månad sov hon nästan hela nätterna igenom. Det gick hur jävla bra som helst. Och Heli är verkligen en trygg unge. Jag greppade vikten av att hjälpa sina barn att känna sig trygga i sig själva, i sina kroppar. I sina sängar.

Det var en fräck insikt, som på något vis genomsyrar hela min mammastil. Barnen ska känna att jag mår bra. Att jag står för vem jag är. Att jag inte är något offer, någon martyr. De ska känna sig trygga i sig själva. Vi hör ihop, men vi sitter inte ihop. Stor skillnad. Viktig skillnad. Jag vill inte leva genom mina barn. Jag vill älska dem. Hjälpa dem att bli självständiga. Jag vill att de ska känna att de klarar sig. Och att jag inte kommer att dö när de en dag ska flytta hemifrån. Dö av övergivenhetskänslor och för att jag rökt på balkongen varje kväll under hela deras uppväxt.

Sorgebrev till pappa från Sommar i P1

NÅGON SA ATT man kunde skriva sorgebrev till dem man älskat men aldrig fick säga hejdå till. Det skulle vara ett sätt att reda ut alla känslor. All skuld. All förtvivlan. All saknad. Ett sätt att sy fast en avhuggen arm, en bypass, ett sätt att överleva. En plastikoperation för att snygga till ärren. Ärren efter dig. Jag skriver ett till dig, pappa. Från jorden till himlen. Från mig till dig.

Jag är liten och sitter i ditt knä. Du har rock'n'roll-frisyr, högt hårfäste och du luktar världens godaste pappasvett och sommar. Dina armar håller om mig. Du röker och dina händer är vackra. Försiktiga och starka. Du skrattar och jag kluckar med. Du älskar mig vansinnigt mycket. Och jag avgudar dig på en liten dotters oskuldsfulla vis. Jag flyger i dina armar. Flyger i min tillit till dig. Du är min endaste pappa och jag valde dig den där dagen i rymden då jag ännu inte fanns. Jag såg dig i varuhuset där man väljer sina mammor och pappor. Du var bäst. Överlägsen alla. Det fattade aldrig du, men så var det. Du var bäst. Dina snälla ögon och din humor. Min endaste pappa. Sorgen ekar i tanken på att du aldrig fattade din egen storhet. Att du ville gömma dig. Varför i helvete ville du gömma dig, pappa? Jag ville ju ha dig. Ha dig nära mycket längre än så här. Åh, jag ville säga så mycket till dig innan du drog. Innan jag drog för att jag inte orkade se dig när du bara släppte taget om ditt liv. Om dig själv. Jag svek dig för jag svarade inte när du ringde, jag svek dig för att jag inte visste om du var nykter när jag skulle komma, så jag kom inte. Förlåt mig för det, pappa. Jag gömde mig precis som du. Gömde mig för dig. Så satt vi gömda båda två. Bakom varsin nerdragen persienn och bara längtade efter varandra. Jag efter dig. Min endaste pappa. Du efter mig, din endaste Mia. Varför kunde vi inte få hjälpa dig? Varför kunde du inte hjälpa dig själv? Du som hade så starka händer och alltid orkade bära när alla andra gav upp. Du som alltid höll om mig när ingen annan ville. Det minns jag, pappa. Att du alltid älskade mig, igenom allt. Att du alltid tog emot mina förlåt. Min ånger. Att du höll undan mitt hår när jag var full och kräktes i duschen. Att du log och kramade mig alldeles för hårt när alla andra tyckte jag var helt jävla hopplös. Jag minns dig på stationen, när polisen skickat hem mig från Danmark. Jag minns ditt förtvivlade ansikte när du såg din lilla livrädda, skamsna sextonåriga flicka komma emot dig på stationen. Jag minns dina drag, hur hela ansiktet mjuknade och hur du grät mot min hals. Jag minns när du lindade upp bandaget från mina handleder då jag skurit mig. Hur du tittade på mig, hur du liksom skakade på huvudet i slowmotion. Det gjorde så ont i dig för du älskade mig så mycket. Jag fattar det nu, pappa, när jag har egna barn. Det minns jag. Det vet jag. Din enorma kärlek. Det var därför jag valde dig men det fattade aldrig du.

Jag vill att du sträcker på dig där i himlen, att du krossar väggarna i pärleporten som den hulk du är, att du rämnar alla gömställen, att du visar dig. Stiger fram och bara räcker gott som du är. Som min endaste pappa. Som Håkan Leif Carlsson. Fortsätt komma hit, så där som du gjorde precis när du hade dött. Jag behöver ditt ljus omkring mig. Nu när alla dina t-shirtar slutat lukta du.

Jag försöker lära mig att jag inte kan bli älskad av alla, att det går bra ändå

JAG HAR SAGT till mina barn att det är väldigt viktigt att ha ett roligt jobb. Och att våga göra det man tror på. Det man drömmer om. Jag har berättat för dem att jag har velat bli skådis sedan jag lärde mig prata. Att jag sa det klart och tydligt redan när jag var mindre än min minsta. Redan när jag var fyra år. »Jag vill bli skådespelale, mamma.« Skådespelale utan r.

Mamma log, nickade. Hon visste nog. Det var så det skulle bli. Så det var tvunget att bli. Några andra alternativ skulle aldrig finnas. Inte för mig. Min dröm har varit kristallklar. Ogrumlig. Ren. Rak. Och omöjlig att vika undan för. Gömma sig för. Den har hela tiden letat upp mig när jag inte orkat och försökt smita ut bakvägen. Här, Mia. Här är sceningången. Inte där. Vart är du på väg nu? Alla påbörjade smitningsförsök som att läsa till waldorflärare, gå regiutbildningar och ståuppkurser har alltid slutat i hands-up. Hands-up för min längtan efter att få spela olika roller. Tolka manus. Texter. Skriva eget. Jag vill ingenting annat. Ändå är jag livrädd. Dödens rädd. För det jag utsätter mig för och för er som tittar på mig. Jag lever bara fram tills nästa gång jag ska upp. Fram. Framför. Det är ett slags våldsam hatkärlek som föder mig och äter upp mig om vartannat. (Ojdå,

82

vad dramatisk man kan vara. Ja. Jag tar mig själv på stort allvar. Ja. Jag är helt patetisk och brutalnaiv. Men vad fan ska jag göra åt det mer än att bara vara som jag är?)

Jag försöker lära mig att jag inte behöver bli älskad av alla. Det går bra att leva ändå.

När jag var liten var jag helt torsk på Gösta Ekman. Det är jag fortfarande. Jag tyckte han hade allt i sina ögon. Komiken. Glimten. Sorgen och allvaret. Det var därför han var så förbannat rolig. Varje gång vi skulle hyra film med familjen tvingade jag samtliga att vi skulle titta på något med Gösta i. I vår videobutik fanns: *Morrhår och ärtor*. Jönssonligorna och Papphammar. Så pappa försökte åtminstone att ta den som vi inte hade sett senast. Efteråt hade jag alltid en egen föreställning på vardagsrumsgolvet. Om vi sett Papphammar målade jag ut snuskväderkartan eller tog på mig mina rullskridskor. Om vi sett *Morrhår och ärtor* rev jag ner gardinstänger och fastnade med gardiner i gylfen. Om vi sett någon Jönssonligan härmade jag en full Dynamit-Harry och hans: »Vilken jävla smäll!«. Eller Sickan när han klappade sin lilla sko. Gösta var min kung. Jag ville bli som han. En kvinnlig Gösta Ekman.

Jag har sagt till mina barn att det är viktigt att bry sig. Att vara sig själv. På Ica Maxi i Kristinehamn såg jag *Idol*-tröjor i storlek 116. Ibland är det svårt att veta. Ibland är det svårt att hålla sig på rätt väg. Ibland springer man åt helvete fel. Som när jag jobbade på ZTV. Eller som jag säger: Avundsjuke- och ruttensjälvkänsla-kanalen. Ingen som hälsade. Kallt och genomruttet. Rädda sminkade ansikten som hela tiden vaktade sina platser. Jag ville

83

aldrig bli programledare egentligen, det var en ytlig, omogen och osäker böjelse i mitt då artonåriga jag. Som att jag provade att ligga med en tjej fast jag egentligen tänder på killar. Jag trodde väl att det var min chans. Nu har jag böjt mig rätt. (Fast om någon undrar så skulle jag nog kunna ha sex med en kvinna, så helt rättböjd är jag inte. Snarare sned, rund och orak. I alla fall i den bemärkelsen. Snart skriver Expressen eller Se & Hör att jag är bisexuell. Inte nog med trasig barndom, anorexi, alkoholiserad död pappa – nu är hon bisexuell också. Kom ihåg var ni läste det först! Och hur. Ha, ha.)

Jag har sagt till mina barn att det är viktigt att våga säga nej till sånt som inte känns bra. Eller inte känns som rätt väg. Gå inte med någon du inte känner. Betyder i min vuxna Miavärld: Tacka inte ja till att medverka i *Let's Dance* om det inte leder dig till den platsen du vill vara på. Till din stora dröm om dig själv. I mitt fall skådespelar- och författarplatsen. Leder en medverkan i *Let's Dance* mig djupare och längre in i den drömmen? Nej. De frågade många gånger. Jag var visst med på tioi-topp-önskelistan och de kunde till och med komma hit och träna med mig. Jag tänkte på saken, för jag älskar att dansa. Jag tänkte på saken, för jag tror att jag hade gjort det bra. Men så tänkte jag på min stora dröm om mig själv, och då skavde solarplexus. Därinne pep varningssignalerna. Så jag sa stolt och rak i min rygg: »Nej. Nej tack. Men tack för att ni frågade. Jag behöver inte dansa i tv.«

En hemlighet: vet ni vad som hände några dagar efteråt? Det vackraste i hela min karriär. Gösta Ekman kontaktade mig. Han hade något på hjärtat som han ville att jag skulle göra och så sa han att han tycker jag är förbannat bra. Att han sett mig hos Luuk och lyssnat på sommar-pratet, att han gillar *Mia och Klara*. Kosmisk lag: Man behöver inte vara så förbannat rädd för att man inte får vara med. Man behöver inte vakta sin plats. Om man vågar säga nej så kommer den rätte in. All uppmärksamhet är inte bra. Ibland är nejet det bästa av allt. Tack, Gösta. Jag grät i sängen på kvällen. Nu är du min blinkande stjärna på himlen som säger: du är på helt jävla rätt väg, Maria Elisabeth.

Jag säger till mina barn att de aldrig ska följa med en främling, någon som kan leda dem vartsomhelst. Vad menar jag egentligen? Vad ska jag lära dem att akta sig för? Är inte *Idol* en riktigt snuskig gubbe som rasslar med godis i busken redan utanför dagis? Är det inte fullt av snuskiga gubbar överallt som rasslar med godis? Kom lille vän, så ska du få smaka på vad farbror har till dig. Det här, förstår du, kommer att kunna göra dig lycklig. Kom här. Lite närmare. Lite närmare. Pang. Du är inte längre älskad för den du är. Och en jury ransonerar ditt syre.

En reminder

HUR KAN JAG bo på en ö? Det är vad jag tänker när jag cyklar ner på en alldeles för stor herrcykel till båten för att ta mig till akuten. Jag störtblöder mellan benen. Efter tjugo minuters båtresa har jag blött igenom allt och inne på färjeterminalens toalett rinner blodet på golvet. Jag böjer mig ner, torkar med toapapper och tänker: shit, det här går åt helvete.

Jag har bara gjort ett litet ingrepp, men det här är andra blödningen. En konisering på livmodertappen för att ta bort cellförändringar som på sikt skulle kunna leda till cancer. Och i pappret jag fick med mig hem stod det: undvik tamponger, sex och träning – i övrigt kan du leva som vanligt. Ingenting är som vanligt, jag är likblek och helt ovanlig där jag står som Papphammar med stjärten i vädret och torkar mitt eget blod, som bara fortsätter att rinna. Jag känner mig lättad när doktorn på akuten konstaterar att jag måste läggas in. Allt går fort. Vips, så skjutsas jag på bår genom korridorer och hissar. Jag fryser och tittar på de ensamma adventsljusstakarna i de stora fönstren. Tittar på de hasande kvinnorna med slangar som smiter in under vita linnen. Slangar med genomskinligt i. Slangar med gult i. Slangar med rött i. I magen slår tryggheten och skräcken ut tänderna på varandra. I magen slåss de om min uppmärksamhet. Lugn. Livrädd. Lugn. Livrädd. Jag fattar att jag inte ska dö. Men jag blöder mycket.

Min nattsyster är inne flera gånger i timmen. Tar blodtrycket, blodvärdet och lyser med ficklampan under mitt täcke. »Känns det som att du blöder mycket, Mia?« »Nä«, säger jag och stoppar ner min kalla hand mellan låren för att värma den. För att somna om. Jag är trött. Dåsig. Handen blir kletig. Blod. Varmt. Mycket. Jag har blött igenom hela monsterbindan och nu är jag på väg genom lakanen. »Ja, jag rinner visst genom hela madrassen.« (Nej, jag vet, den är av plast, jag vet att det inte går, men ändå. Den lilla mörten blir alltid en gös på 6 kilo.) »Oj«, säger nattsyster. »Du blöder mycket, jag ska prata med doktorn. Har du fått blod förut?« »Nej.«

Jag fattar att de förbereder sig. Att de kollar upp om det finns påsar med min grupp ifall mitt eget inte kommer att räcka. Jag tittar på dropparna i dropphållaren. Plopp. Plopp. Snart syr de ihop mig, snart syr de ihop mig. Jag frågar nattsyster vad vi väntar på. Vi väntar på morgonen. »Det är bättre att operera då. Du har fortfarande bra värden, Mia. Det är ingen fara än. Långt ifrån fara.« Nattsyster är snäll. Hon hjälper mig på toa. Håller mig på benen när jag kissar. Spolar så jag slipper se allt blod. Jag ser ändå. Ljusrött. Färskt. Det kommer från mig och jag förstår att jag är dödlig. Det kommer från mig och jag längtar efter barnen. Mina barn som sover med sina huvuden så där bakböjda, med håret utsläppt över kudden, hemma på ön. Med sina armar åt varsin sida av natten. Öppet, tryggt och tillitsfullt, medan jag själv ligger i fosterställning och håller kniven mot skräckens strupe för att den inte ska ta mig helt.

Så kommer morgonen. Ljuset. Nya morgonsystrar. Mera dropp. Blodstillande. Ny doktor. Han bestämmer sig för att laga mig. Söva mig. Sy mig. Skönt. Det är ett enkelt ingrepp och allt går fort. Strax har jag håret i nät och benen hängandes i plaststöd. Alla känner igen mig. Men alla respekterar. Alla är överens. Det här är långt ifrån roligt. Ingen sketch. Snart sover jag och snart vaknar jag. Och jag känner mig lycklig. Nästan löjligt tacksam när jag några timmar senare får dricka min första kopp kaffe på tjugofyra timmar. »Mm. Sjukhuskaffe.« »Mm. Torr ostsmörgås.« Jag är så lycklig som kan kissa utan att bloda ner hela toaletten och i min lilla sjukhusradio sjunger Sofia Källgren *Ave Maria.*

Jag får åka hem.

Efter några dagar börjar jag blöda igen. Jag rinner som en tyst kran någon glömt stänga av. Liksom strilar. Jag blir livrädd. Räddare. Den här gången tar jag öns enda taxi till båten. Och i taxin sitter min agent som också bor på ön. Jag måste berätta som det är, och också förklara exakt vilket ingrepp jag har gjort så att de inte tror att jag varit gravid och fått missfall. Denna ständiga redogörelse. Och på nätet läser jag: *Komiker blöder efter livmoderoperation.* Och så en ful inklippsbild på mig där jag ler som Tjorven med rödmosiga kinder och solglasögon i håret från ett helt annat reportage, en helt annan tid. Klippa leka lära. Man vänjer sig och man vänjer sig aldrig. Jag blir inlagd igen. Den här gången blöder jag inte lika mycket. »Det ska nog gå över ska du se«, säger doktorn (35 och snygg) som också känner igen mig när jag ligger och blöder i gynstolen, för jag vet inte vilken gång i ordningen. »Tack, tack«, säger jag och lommar iväg efter mina trosor med jättebindan i.

»Men jag vill att du stannar tills i eftermiddag. Jag vill se att det ger sig.« Och jag stannar. Sitter i dagrummet med de andra kvinnorna i vita särkar. Det är lucia och det ska visst komma en ljusbärare, ett ljuståg från någon liten musikskola. Vi tystnar. Natten går tunga fjät i vita långa sjukhuskorridorer. Ingen av oss är i närheten av att dö. De flesta av oss får åka hem samma dag, en del av oss dagen därpå. Vi vet att det är så, men vi tjuter ändå. Det strålar en stjärna och jag förstår: det är tacksamheten som kommit, det är den som rinner nedför våra bleka små kinder. Vi är så glada för våra sneda, klantiga, operfekta, flagiga, gråa och underbart vackra små liv.

Jag får åka hem igen. Sakta, sakta öppnar jag de tunga sjukhusdörrarna. Det var bara några nätter, men när jag ser vår fula lilla vita minibuss igenimmad av barnprat, när jag ser min lilla ihoplimmade plastfamilj vinka glatt i bilrutorna, då känns det som en evighet. Och när Alfred kastar sig ut genom dörren och in i min famn och det regnar gamla torra bullar, godispapper och pappmuggar från bilen ner på backen. Då vet jag: det finns ingenstans jag hellre vill vara, inget annat jag någonsin vill bli eller se ut som. Grannens gräs är brunt och lerigt.

Jag har det så jävla bra. Jag behövde kanske bara en reminder.

Bloggen

10 DECEMBER Min blogg

Det känns som om min blogg kommer att vara garanterat pumpsfri. Det vill säga »inga bilder på ett par snygga pumps jag såg i affären på väg till dagis«. Snarare en dagbok fylld med mänsklighet. Vacklande självförtroende och torra, pinsamma vardagliga situationer. Dåligt samvete, prestationsångest och förhoppningsvis hög igenkänning. Hederlig jävla underbar vanlighet. En blogg som får en att känna sig som en rätt schyst morsa.

Ja, herre Jesus

Har just sagt förlåt till Heli och Alfred för att jag varit
en riktig skitmorsa åtminstone två gånger ikväll. Kal-
lade Alfred för bebis när han målade ner hela sin lilla
bleka vinterkropp med hobbylack (till för trä, plast och
metall) fast jag vet att han haft en jobbig dag för att jag
glömde ge honom hans medicin. Han äter Concerta
för sin adhd och aspergers. Skitmorsagrej nummer två:
jag skällde på Heli för att hon flamsade när jag försökte
prata med henne. Hon blir jätteflamsig när Alfred är
flamsig. Såklart. Det är inte världens lättaste att ha en
storebror med kraftiga koncentrationssvårigheter. Jag
sa i alla fall förlåt. Jag gör så gott jag kan. Det säger jag
till mina barn när jag gör fel. Mamma gör så gott hon
kan. Förlåt.

Verkar som om magsjukan är på gång. Heli försökte
ulka ur sig innan hon somnade men det kommer väl
inatt. Magsjukor kommer visst alltid på natten.

Idag pratade jag med några andra mammor på båten
om jul. En hade ångest för maten, en annan för tom-
ten. Och du då, Mia? Vad har du för julångest? Tja, min
pappa var alkoholist. Han dog i våras. Drunknade. Jag
har lite ångest för att jag lät honom sitta själv och supa
de sista tio åren. För att jag inte firade någon jul med
honom sedan mina föräldrar skilt sig. För att jag aldrig
gav honom någon julklapp. För att jag inte gav honom
mig själv. Sin dotter.

Sov gott, du vackra människa. Vi gör så gott vi kan.

Just det. Magsjukor får vi för att vi ska komma ihåg vad
som är viktigt här i livet. Vi ska höja våra huvuden från
toastolen upp mot himlen, lova oss själva att prioritera
rätt, det som har något värde för oss.

Heli vaknade likblek i morse. Ville inte äta, inte prata.
Bara ligga och stirra. Jag gjorde frukost till Alfred som
naturligtvis också ville vara hemma. Vi har ju en hund-
valp här hemma dessutom som alla gärna gosar med
istället för att gå till skolan. Alfred fick inte vara hemma.
Danne och han tog hunden och traskade iväg. Jag fick
en liten tendens till dåligt samvete först men insåg
sedan att det inte är något han kommer att behöva gå
i terapi för. Han var ju inte sjuk, bara sugen på att vara
hemma med sin syster, kolla film och gosa hund.

Heli däremot visade sig vara jättesjuk. Så där sjuk att
jag nästan ville ringa efter helikopter. Bor man på en ö
utan någon bro är helikopter likvärdigt med en snabb
bilfärd till sjukhuset. Inget man ska dra sig för om det
verkar illa. Heli kunde alltså inte kissa, inte gå, inte
prata. Hon bara låg som en överkokt spagetti i mina
armar och klagade över magen. Om man inte kan kissa
är det inget vidare. På sjukvårdsupplysningen tyckte
de absolut att vi skulle till akuten så fort som möjligt.
Och ungefär där, med en sköterska som antyder att det
kan vara något allvarligt och en likblek femåring som
ögonlocken börjar åka ihop på i famnen, börjar livets
värderingar komma i sin ordning.

Vad är det som betyder något?

Svar: Barnen, att de får leva och vara friska.

Fuck julshowen, tv-programmet, manusmötet,

intervjun. Jag ber om nåd. Det verkade gudskelov inte vara någon fara. När vi väl kom på båten ville Heli ha en Piggelin. Efter några slick började hon prata. Vi fick en ganska mysig tur till vårdcentralen och jag känner tacksamhet.

14 DECEMBER Godmorgon

... alla som sovit. Jag har nästan inte sovit alls. Allt har liksom snurrat i huvudet. Texter, karaktärer, räkningar, julklappar. Jag har i princip legat och malt hela natten. Det blir så när man går från scenen rätt ner i sängen. Vi hade två gig under samma kväll igår. Sprang i tomtekläder från det ena till det andra. Jag gör en karaktär, en tomtenissa med svampinfektion och otroligt dåligt självförtroende, i julshowen. Hon har en tomtedress i storlek 140 och kliar sig oavbrutet mellan benen medan hon tipsar om böcker att köpa till någon som behöver piggas upp i jul. Typ *Att välja glädje* av Kaj Pollack. *Självkänsla nu!* av Mia Törnblom. Jag är rätt trött på alla sådana böcker nu, med små övningar att göra hemma. Jag har verkligen provat det mesta för att hitta mig själv. Svetthyddor, retreats, tre dagars tystnad i skogen, månmeditationer, eldandningar. Men inget hjälpte så bra som terapi. Sitta öga mot öga med en noga utvald terapeut och nysta i röran av illusioner, mönster, barndom, beteende och förväntningar. Sexhundra spänn i timmen. Men gud så skönt att få städat på vinden och i källaren.

Nu måste jag kissa hunden.

16 DECEMBER Tack för recepten!

Ligger i sängen och slickar mig kring munnen. Hungrig. Men vad fan, klockan är ju tolv och jag har redan tryckt i mig för mycket. Jag blir så hungrig när jag gått av scenen. Innan kan jag knappt få i mig något, men efteråt skriker magen. Alfred var vaken när jag kom hem ikväll. Han satt i sin tomteluva och tittade på *Pirates of the Caribbean* med Danne. Jag blir så lycklig när jag tänker på att jag har hittat en man som går så bra ihop med mina barn. Det trodde jag faktiskt inte. Jag trodde nog jag skulle få leva ensam. Knulla någon gång bortimellan kanske, men aldrig hitta någon som jag kunde känna sådan tillit och trygghet med som Danne. Kosmisk lag: när man slutar leta på ett krampaktigt sätt efter någon att leva med kommer ofta kärleken. Den stora. Först när man börjar tro att man faktiskt kan klara sig själv är man mogen för en sund, hållbar relation. Någon mer som kan skriva under på det? Visst är det så? Man letar desperat och hittar inte ett skit, man ger upp och hittar kärleken där man minst anade.

Annars var julmarknaden på Liseberg rätt sorglig. Barnen tyckte att det var jättekul, men jag kunde inte låta bli att ta in en massa sorgliga relationer mellan mammor och pappor. De gick så där sammanbitet och svor på varandra och sina barn. Försökte le. Jag vet hur det känns. Precis. Man tror att alla andra är så mycket lyckligare. Så vill man vara en lycklig familj på jul. Vara en mamma som älskar pappa. Som vill ligga med pappa. Men inuti rasar allt. Bara vi klarar den här julen. Bara vi håller ihop över jul. Man går i tomtarnas värld, tittar på dockor som slevar i sig gröt medan man tänker: Vi måste skilja oss. Vi är inte glada längre. Herregud. En sådan overklighetskänsla. Krismantra: om jag provat allt, pratat, lyssnat, familjeterapi, och tåget ändå står på slutstation så är det inte ett misslyckande att faktiskt gå av. Man får skiljas och man kan göra det på ett bra sätt. Visst, det är en död men det finns ett liv efteråt.

Hur kan man skilja sig på ett bra sätt? På ett sätt man kan se tillbaka på och faktiskt vara stolt över när man är gammal?

16 DECEMBER Vuxna människor, ja

Önskan är att vi beter oss som vuxna människor även när vi skiljer oss. Men visst gör man fel och visst är det slutresultatet som räknas. Men om man kan så är det ju rätt skönt om barnen inte behöver vara med om att någon slår sönder hela huset, sticker hemifrån utan att komma tillbaka på flera dagar eller bankar på den andra föräldern. Det är nog jävligt som det är ändå. Jag var långtifrån snygg när jag själv skilde mig. En själslig trasa. Ego. Bekräftelsegalen och tonårsaktig. Men jag skärpte till mig snabbt. Och jag var noga med att låta barnen veta att ingen av oss skulle försvinna.

En sak jag håller stenhårt på: jag pratar aldrig illa

om mina barns far. Aldrig. Jag tycker att mammor och pappor som pratar illa om varandra med sina barn är vidriga. Det snacket får man sköta med sina vänner.

Snart ska jag börja skriva manus till ny omgång av *Mia och Klara*. Det ska bli asroligt och lite sorgligare den här gången, tror jag. Allt vi gör kommer ju från något slags svärta i oss själva eller någon annan. Det är rätt gött att få lov att vara kvar i det sorgliga lite längre, även om det är ett humorprogram. Sån humor gillar jag. Med lerig botten. Det ska fan synas på stövlarna att man varit ute i riktigt oväder. Skrattet ska fastna i halsen. Min tanke med Tabita och Gulletussan var att ställa två olika typer av mammor mot varandra. En som var noga med att hålla uppe sin glada, perfekta fasad till vilket pris som helst (Gulletussan) mot en annan som inte bryr sig ett skit om vad andra tycker och tänker, som bara dönar på. Go å gla, drar hem nya karlar för jämnan och röker hejvilt under fläkten (Tabita). Vems barn får mest problem med sig själva? Detta är ju två ytterligheter, inte direkt tagna från verkligheten, men nästan.

Och jag har inte köpt ett endaste dugg. Jag tänker inte köpa så mycket heller för den delen. Jag ska ge alla fem barn en liten resa istället. En familjepresent. Jag diggar såna presenter. Barnen med. När Alfred fyllde år fick han bjuda familjen på ett besök på örnreservat i Danmark. Vilda örnar som flaxar omkring och rafsar en i håret. Lovely. Detta kombinerades med Njords (Dannes äldsta pojk) födelsedagspresent som var en natt på badhotell i Danmark. Så det blev två presenter i en resa. Tidigare födelsedagspresenter har varit fiskesafari samt Tivoli i Köpenhamn. Fast just tivolit i Köpenhamn var väl kanske inte så lyckat. Min pappa dog den dagen vi åkte.

Danne och jag sitter i bilen. Vi spelar hög musik, ungarna sjunger med och är så där lyckligt uppskruvade. Vi är på väg till Malmö, ska sova där i en lägenhet för att morgonen därpå åka över till Köpenhamn. Min mobil ringer. Jag tänker att jag skiter i att svara eftersom jag inte känner igen numret. Men jag svarar ändå. Det är en läkare som ringer. Han säger att min pappa har förolyckats. Vilket jävla ord. Det betyder död. »Är han död?« frågar jag. »Ja, tyvärr«, säger läkaren. »Vi försökte rädda honom i flera timmar men han klarade det inte. Han dog förmodligen redan i bilen innan han körde ner i vattnet.« Aldrig har ett tivolibesök etsat sig fast i min själ på ett så märkligt sätt. Lampor som blinkar, barn som skrattar. Jag sitter i någon sorts spöktunnel. Mina barn undrar om jag inte kommer att kunna skratta. De skrattar och gråter om vartannat. Åker karusell, gråter en skvätt, åker karusell och gråter en till skvätt. Jag

99

kräks på en toalett och dagen efter åker vi hem till Värmland. Jag vill se pappa innan han åker in i frysboxen. Hålla om honom. Be honom om förlåtelse för att jag inte kunde göra mer. Han hade stora alkoholproblem ju, det har jag väl skrivit om någonstans. En sådan komplicerad sorg. Så mycket dåligt samvete. Från födelsedagsfirande till död. Nu till födelsedagsfirande igen. Jo, upplevelsepresenter är dyngbra. De finns dessutom i olika prisklasser. Bara att anpassa efter plånboken. Det är vackert att ge varandra upplevelser tillsammans. Tid med varandra. Någon kan ju dra ur kontakten när som helst.

17 DECEMBER Jo, det ska sägas

... att min pappa inte var det endaste påverkad när han dog i sin bil. Han var spik nykter på väg från sitt jobb. Han var liksom den typen av alkoholist som drack i sin ensamhet om kvällarna, som fortfarande klarade av sitt jobb men körde sin kropp totalt i botten. Den orkade bara inte längre.

Det är mycket som ska sägas om min pappa. Snacka om att han hade humor, tajming. Mycket mer än vad jag någonsin kommer att kunna lära mig i mitt yrke. Detta blandat med en otrolig värme. Jag har honom att tacka för min humorserie, bland annat. Synd att han aldrig hann se den. Och synd att det ska hymlas så förbannat om alkohol och ensamhet. Varför kan man inte prata om det?

Tattarfamiljen har vaknat. Inga rena strumpor till
någon. Det är fullständigt kaos i huset och jag försöker
hålla tillbaka ett riktigt fett vansinnesutbrott åtmin-
stone tills jag lindat in barnens fötter i tidningspapper
och skickat iväg dem till skolan. Vi har en påse med
omaka strumpor hängandes i vår garderob, som vi tar
fram i hårda, bistra tider när ingen annan bot finnes.
Då blir det olika färg på fötterna, men vem bryr sig. Jo,
Alfred bryr sig. I aspergersdiagnosen ligger ett sinne
för ordning, eller snarare: ordning lindrar hans ångest
kraftigt. En sån skitmorsa som tvingar honom att gå i
en blårandig strumpa och en röd. Just denna morgon
hittade jag gudskelov ett enda litet lyxigt strumppar till
honom. Det fick han. Puh!

När alla är iväg och jag stängt dörren exploderar jag
fullständigt. Bägaren rinner över och jag skriker i huset
som Gud glömde. JAG ORKAR INTE DET HÄR! JAG
PALLAR INTE MER! Det är väl ungefär det jag brukar
skrika när jag blir riktigt förbannad. Två tre gånger skri-
ker jag, sedan orkar jag inte skrika mer. Jag kastar kan-
ske en soppåse extra hårt i soptunnan och smäller igen
locket. Jag städar alltså fortfarande. Är inte det löjligt?
Martyriskt? Att vara arg på att det är så stökigt och gå
och tokskälla om det, högt så att Danne ska höra, me-
dan jag fortfarande städar. Nu måste jag skratta. Sicken
martyr. Men samtidigt finns det faktiskt ingenting som
jag är så in i helsike trött på som smågrejer i högar.
Smågrejer i plotterhög på hatställen. »Det här behöver
jag inte längre/vill jag inte ha/vet jag inte var jag ska
göra av/orkar jag inte ta rätt på så därför lägger jag

det här.« På den lilla avstjälpningscentralen, uppsamlingsplatsen. Kan vara på bänken i hallen, på hyllan vid garderoberna, på köksbordet, på fönsterbrädorna. Kan vara en halväten kaviarsmörgås, kan vara ett par nerkissade strumpbyxor, kan vara en hink med tändstickor, en uppsmälld raket, tio kastanjer, usb-kablar, mobilladdare, eller ett viktigt papper från skolan som skulle varit inlämnat för en vecka sedan.

Det tar timmar att röja upp smågrejer i plotterhög på hatställen. Dessutom blir de här hatställena laddade med så dålig energi att blommorna vissnar och ingen kommer sig för att ställa något annat där. Annars är jag jättetacksam för att ingen av oss har en dödlig sjukdom, att vi lever och får vara friska. Amen.

21 DECEMBER Moona åt herren

Det här året har jag alltså: Skilt mig. Träffat en ny man. Spelat in min första tv-serie. Tagit farväl av min pappa och sjungit på hans begravning.

Det här året har livet varit högst påtagligt. Inte mesigt, tyst och frånvarande precis. Men jag visste att 30 skulle bli ett speciellt år. Det var då det skulle smälla till i den där personliga utvecklingen. Det var då jag skulle göra mitt själsliga genombrott. Kraschlanda i det som är Mia. Sluta krångla och komma hem i mig själv. Se saker för vad de är. Sånt måste göra ont. Kosmisk lag: För att bli riktigt frisk måste man bli riktigt sjuk. Kris = Utveckling.

Och det ska gudarna veta att det gjort. Ont alltså. Att skiljas var som en död, värre än min pappas på många sätt. Mycket grumligare och mer komplicerad än en ren död. En död man bara måste genomleva och trösta andra i. En död man själv orsakat och måste försvara. Alla var ju så ledsna för det beslut jag tagit. Och ändå tog jag det. Ändå flyttade jag (till en liten kall sommarstuga med dusch i en garderob). »Det här kommer att bli bra, kära barn. Mamma måste göra så här förstår ni. Mamma är inte kär i pappa längre. Mamma tycker så mycket om pappa, men inte på det sättet som mammor ska tycka om pappor om de ska kunna bo ihop ... fattar ni? Inte. Äh, vi tänder ett ljus och lägger oss allihop och kramas i den här smala 90-sängen, i lilla kalla sommarstugan. Jag älskar er och försvinner aldrig. Det kommer att bli bra. Sov nu.« Och när barnen äntligen somnat. Rökte jag cigaretter, grät och bad till Gud att han fan fick visa sig. Jag visade faktiskt till och med röven åt honom. Gick ut mitt i natten och drog ner byxorna mot himlen. Här har du din jävla gubbstrutt! Vad fan pysslar du med? Varför hjälper du mig inte? Så arg och besviken var jag. Men han kammade sig och tog tag i saken. Jag fick ljus. Jag fick kärlek. Tack för det, gubbstrutt. Jag tror på dig!

Har just kommit hem, slagit upp (s)lapptoppen för att jag inte orkar göra något annat.

»Danne, du vet att jag har börjat blogga, det är viktigt att jag skriver ett par inlägg om dan, vettu. Plocka du upp maten.«

Vi har varit inne i stan, sista vändan före jul, hädanefter kan allt vi glömt dra åt helvete. Nu lämnar jag inte ön såvida inte någon av oss blir dödssjuk och måste hämtas med helikopter. Men det hoppas jag verkligen inte. Jag är blek. Frusen. Osminkad. Trött. Mätt. Thaimatsmätt. Det är en speciell mättnad. Ostronsås och cashewnötter som man kastat i sig stående någonstans medan man försöker hålla sig eftersom man varit kissnödig lika länge som man varit hungrig. Att äta medan man är kissnödig är inget man utsätter sig för någon annan gång än dagarna före jul på stan. Det är ett slags boskapsvagnskänsla över oss allihop.

Mina barn är hos sin pappa. Ska försöka vila upp mig tills de kommer i morgon så att jag kan vara en skön, avslappnad, långsam mamma. Vi ska ju klä julgranen, det som är kvar av den vill säga. Lilja har redan gnagt i sig ett par kvistar. Såg massor med barr i bajset (alla nyblivna hundägare tittar på sin hunds bajs, det ingår liksom i paketet. Om det är fina fasta korvar blir man glad, om det är löst och sprutigt blir man ledsen). Har börjat öva klickerträning med Lilja idag. Det är som en liten fjärrkontroll man klickar med när hunden uppför sig bra. Ett klick betyder liten belöning. Levergodis från fickan. Man belönar gott beteende och ignorerar det dåliga. Har god lust att överföra det på alla i huset.

Det är det när barnen har åkt. Från fem till noll på en sekund. Inga små röster, inga snabba rörelser, ingen som ropar. Ingen som kommer och hoppar upp i knät, trycker armbågen i ena bröstet så det gör så där in i helsike ont, och viskar i örat: »Kan jag få varm choklad i nappflaska?« Sällan, men ibland, släpper jag på alla regler. Alla. Då får femåringar varm choklad serverad i nappflaska i soffan framför *Barbie i Svansjön*. Hu, hemska film!

»Självklart, Heligumman.« (Du ska ju åka till pappa om en timme, shit, shit, jag måste ge henne allt på en timme. All kärlek jag kan. Hela himlen, mitt hjärta, mina armar och mina ben.)

Jag har faktiskt börjat lära mig att säga nej även i de svåraste stunderna. Man måste stå upp för sitt beslut, inte be om ursäkt och skämma bort av dåligt samvete. Att kompensera en skilsmässa med att bli uppassare åt sina barn eller köpa allt de pekar på eller avleda all sorg/oro/gnäll med godsaker går fetbort. Alla som hamnar där borde få hjälp. Verkligen hjälp.

Danne och jag är ensamma med varandra och jag saknar barnen. Danne är cool, men jag blöder. Blöder av saknad. Deras mjuka lukt. Deras rum är bara helt kusligt tysta. Stökiga och tysta. Julklapparna ligger nylekta på golvet och lamporna lyser fortfarande. Jag orkar inte släcka. Det får fan vara tänt tills de kommer igen. Växthuseffekten, då? Vad gör vi med den? Jag får fan släcka. Släcka och gråta en liten stund. Det är ju mina barn som får ta smällen för att jag inte orkar släcka deras lampor. För att jag skilt mig. För att jag saknar dem så mycket att jag vill att det ska vara tänt. Snacka om att överföra sin egen skit på andra. Skärp dig, Skäringer. Släck lampan och snyt dig.

Affirmation: Jag har barn. Mina barn lever. Mina barn är friska. De har en mamma och en pappa som bryr sig lika mycket. Som är vänner. Som älskar dem över allt annat på jorden, i himlen och hela alltet. De har haft en glad jul hos mamma och i lugn och ro har de lämnats över till pappa. Om några dagar kommer de tillbaka. Så så, lilla Mia, du gör så gott du kan. För barnen och för dig själv. Du räcker. Du är en bra mamma, en bra människa.

Man ska icke lägga all sin lycka i barnen. I livet ingår en del tuffa beslut. Man får inte mesa ur. Man måste stå upp för sin egen människa, annars kan man inte lära sina barn detsamma. Jag tog ett jobbigt beslut: att skilja mig, fan vilket vidrigt beslut. Men jag gjorde det. För jag vill inte ljuga. Inte hålla uppe falska fasader. Inte låtsas vara glad. Inte göra mina barns pappa illa. Inte mina barn illa. Inte mig själv illa.

27 DECEMBER Nu åker jag till stan

Vi ska köpa virke och bygga en säng till Balder. Dannes Balder. Han sover på en madrass på golvet nu. Vi bygger gärna lite konstiga sängar i det här huset, oregelbundna liksom. Jag gillar inte raka hörn. Receptet är alltså: två räta vinklar och två sneda. Så är jag ju halvt utbildad waldorflärare också. Tror man sover bättre i o-raka sängar. Tror man lever bättre i o-raka hus. Tror man blir lyckligare av o-perfekt än perfekt.

Hatar raka möbler ihop med raka gardiner ihop med raka bord ihop med raka mattor ihop med raka kalla, bleka, perfekta människor, i raka rena hus i raka ytliga liv. Färger: vitt, svart, grått, brunt. Det är de enda färger dessa raka människor vågar ha i sina hus eller lägenheter. Annars blir de mobbade av sina raka perfekta vänner.

Älskar o-perfekt. Böjar, snirkligt och rosa. Gillar också svart och vitt ihop med varm orange, munkorange. Och hallonrött.

29 DECEMBER En nyårsafton

Då åkte min kompis Linda och jag stjärtlapp i korsett och stay-ups. Jag var tjugoåtta, barnen var hos min mamma och allt var bara helskönt och galet. Linda bodde i ett svenssonbostadsområde där det ena fönstret vette in mot det andra. Man kunde alltså se exakt hur (o)lyckliga alla var. Vad de åt, hur de åt och om de tänkte knulla efter maten eller inte. Alla kunde alltså se oss, två vuxna kvinnor, ganska runda och goa, svischa nedför den lilla pulkabacken i bara underkläder. Barnen i bostadsområdet som just hade gått ut för att smälla raketer bara gapade och drog i sina pappor som också bara gapade samt dreglade. Kanske missade de rentav tolvslaget och kanske är de tvungna att gå i terapi för det de såg. Jag vet inte, men i så fall: förlåt. Efter en stund började de ta kort på oss med sina mobiler. Jag antar att det var något som skickades runt som en mjuk och rund början på 2005. Från en elvaåring till en annan. Här har du framtiden, kompis! Jag antar att papporna sparade det som ett skönt minne i ensamhanden. Jag antar att mammorna bråkade på papporna för att de stirrat för mycket. Jag antar att vi verkligen drog igång det nya året.

Nu ska jag dricka rödtjut!

1 JANUARI

Jag ska snart göra lite räksmörgåsar åt oss. Trösta Danne lite. Han längtar ihjäl sig efter sina barn. Alltid längtar någon av oss och sällan längtar vi på samma gång. Nu är det han som inte träffat sina på en vecka. Nu är det han som saknar. Hans hjärta som barnvärker. Jag vet hur det känns och jag ska krama honom. Det blir ju ännu mer påtagligt när jag har mina barn. När jag är glad och uppfylld av dem. Vi kan aldrig riktigt dela den känslan. Vi har ju inte barn tillsammans. Vi kan bara förstå varandra och försöka så gott vi kan. Han är bättre på att dela den känslan med mig än vad jag är med honom. För att han har varit skild längre, tror jag. För att han är mer van vid att vara varannan vecka-pappa. För att han känner sig mer tillräcklig än jag. Men ibland kommer saknaden, längtan, och slår undan benen på honom också. Som idag. Det älskar jag honom för. För att han är svag, för att han är stark. Svaghet är vacker när man vågar erkänna den. Då kan den bli en styrka. Styrkan och svagheten är tvillingsjälar. De måste vara tillsammans. Det blir liksom inte något helt annars.

2 JANUARI Hemma på ön igen

Shit, vad slitigt det är att köra bil med barn ibland. Två
syskon som inte kan låta varandra vara ifred en mikro-
dels sekund. Jag märker att jag i samma takt som snön
tätnar på bilrutan börjar hota barnen. Om ni inte gör
si blir det inte så. Om ni inte gör så blir det inte si. Jag
hotar och hotar tills jag inser hur jävla dum jag låter.
Tomma hot av en morsa som försöker hålla minibussen
på vägen. Bättre att säga som det är. Om ni vill att vi ska
komma hem levande: SITT STILL OCH HÅLL TYST!
Eller i alla fall: skrik inte på varandra, putta inte varand-
ra och ha på er bältena. Ge inte hunden choklad, måla
inte varandra med tuschpennor i ansiktet, öppna inte
fönstren, kleta inte smörgås på sätet och spill inte Festis
på era nya jackor. Danne är stressad för han ska börja
jobba och vill hinna hämta sina barn innan. Vi är lite
arga på varandra. Varför vet jag inte. Och jag hinner inte
ta reda på det innan det gått över. När saker gått över
måste man inte alltid älta varför (även om jag älskar att
älta och analysera). Danne älskar också att analysera,
men inte att älta. I mitt ältande är jag ensam och tur är
väl det. Annars hade jag suttit där i baktiden och vridit
och vänt på saker som redan var över. Som ingen jävel
brydde sig om längre.

2 JANUARI Ett och ett halvt varv!

Jag flyger. Så skönt när fötterna äntligen lyfter från
marken och det inte längre smakar blod i munnen,
hugger i ryggen och dallrar överallt. Som det gjorde de
första femtio gångerna. Jag börjar känna mig lätt. Ikväll
sprang jag min vanliga runda plus ett halvt varv till. Ön

var kolsvart och jag bara sprang och sprang. Min känsla för att äntligen ta hand om min kropp har definitivt kommit inifrån. Något har värkt sig ut. En drivkraft mer av andlig karaktär än snygg-och-smal-hysterisk. Jag sminkar mig mindre, rör mig mer och äter nyttigare. Jag börjar känna mig hemma i mig själv, liksom nöjd med möbleringen och färgerna. Bekväm. Trygg. Som jag.

31 år och jag vill inte längre flytta till någon annans kropp.

Såg förresten en modern tröja på Solo. Den var vit med tryck på. Det stod typ *I want to be you.* »Guuuuud, va snygg«, sa någon liten smal lucia och drog i prislappen. »Den här viiiiill jag så gäääärna ha.« Vad sorgligt, tänkte jag. Och vilken meningslöst ful tröja. Som ett skämt att gå omkring i den. Kunde lika gärna ha stått *Jag har så dåligt självförtroende.*

3 JANUARI En boja

... jag har kring själen är mitt light-manodepressiva drag. Euforisk den ena stunden och sorgsen den andra. Bägaren rinner liksom över eller torkar ut. Sällan är jag mittemellan. Ikväll är jag rätt sorgsen. Men så saknar jag ju barnen också. Heli ringde förut för att säga godnatt och när jag sa att hon var mitt hjärta så sa hon att jag var hennes silverguldsnäcka. Sedan sa vi godnatt och hejdå. Från varsitt hus på samma mörka ö. Bara femhundra meter mellan våra sängar. Men ändå så långt bort. Jag vill lukta i hennes hår.

6 JANUARI **Älskade ni!**

Jag har slösat så många år på att vara elak mot mig själv att om man kunde samla den energin i ett vapen och rikta den mot någon annan så hade jag kunnat döda. Döda med bara min negativa och nedlåtande kraft. Döda en hel skolklass. Döda med den kraften jag riktade in mot det som är jag. Sexton år gammal tjej lever livet. Självsvält. Hetsätning. Huvudet i toaletten. Laxerande tabletter. Alkohol. Rakblad. Säkerhetsnålar. Jag köpte så mycket laxerande tabletter att tanterna på Apoteket till slut frågade mig vad jag skulle ha dem till. »Öhh, jag ska gå på fest ikväll. Skulle gärna vilja tömma hela min mage så att jag ser smal ut.« En tablett innebar diarré, värsta magknipen och att man blev illamående och sängliggande. Under en förmiddag. På kvällen var det fest. Så vad gjorde man inte för att få bli lite påknullad. Då visste man ju att man var älskad: när det ömmade där bak för att man hade skitit ut hela sig själv på förmiddagen och ömmade där fram för att någon femton år äldre kille varit full, kåt och jävligt hårdhänt. Jag har köpt en ny sminkväska. Den billigaste från H&M. Än klarar jag mig inte riktigt utan allt. Det bästa med i morgon: mina barn kommer till mig.

8 JANUARI **Är det svårt**

Att skriva om det osnygga? Om de gånger man som förälder faller igenom? När man själv blir ett barn och står och skriker: »SLUTA SKRIKA!« Eller när man tar för hårt i en liten arm eller säger något jävligt dumt och ovuxet. Att visa sin svaghet är styrka, eller?

Jag faller ofta igenom. Och du? Befriande är det när vi

berättar detta för varandra. När en stor människa blir förälder till en liten människa upphör hon inte att vara människa. Hon får förstås skärpa till sig men hon är fortfarande en människa på sin egen stora resa. Den lilla människan ska hon hålla i handen på den stora resan. Den lilla människan ska hon ha under sina vingar. Skydda. Mot det hon kan. Sedan kommer livet ändå. Ovanpå alltihop. En dag regnar vingarna kanske in. Då måste hon fortsätta flyga. Inte skämmas och falla till marken.

För hur fan skulle det se ut.

Man får vara kass ibland. Man ska säga förlåt. Men man ska inte gå och tro att alla andra är så jävla mycket bättre.

14 JANUARI Vissa önskningar

De kan också göra lite ont, kräva sina uppoffringar, sina val, sina kriser. Mitt yrkesliv har varit just sådant. Jag har ta mig fan provat nästan allt. Ändå har jag haft en inre dröm om att skådespela sedan jag var fem år. Hur svårt kan det vara att uppfylla sin egen dröm om sig själv? Varför i helvete står man och fjantar runt som programledare för något sviniöst dåligt program på ZTV om man vill bli skådespelare? Varför gjorde jag det? Jo, jag ville ha bekräftelse och synas, höras. Jag trodde det skulle leda mig någonvart. Vart ledde det mig? Till någon meningslös halvtafflig kändisfest där jag ändå var av lägsta rang. Där jag fick komma in på vippen bara. (På vippen = man är inte tillräckligt fräck egentligen. Bara så pass att man får vara med litegrann, lite halvdan liksom. Inte respekterad, men ändå som ett bihang. Går att operera bort utan att någon skulle sakna något.

Märka något.) Det var jag för tio år sedan. Jag var liksom glad bara jag fick vara med. Att vara glad bara för att man får vara med går fetbort. Aldrig mer. Ställ krav. Stå upp. Res på dig och träd fram.

Jag har provat och slutat med olika saker hundratusen gånger. Slutat för att det inte känts som jag. Ibland har folk blivit vansinniga på mig. Men det har jag skitit i. Om det inte känns rätt är det ändå lika bra för alla att byta ut mig.

Jag vill inte under några omständigheter just nu, där jag är i mitt liv, jobba som programledare eller ståupp-komiker! Och jag vill inte gå modevisning med mina barn. Det är inte jag.

19 JANUARI Detta ska firas

Nu har min Alfred för första gången i sitt sjuåriga liv vågat gå hem till en kompis! Efter att ha gråtit och haft ångest i en halvtimme bestämde han sig. Jag såg det i hans ögon. Nu gör jag det. Håller andan. Hoppar. Mamma, hjälp mig sista biten. Och jag puttade honom kärleksfullt utför stupet. För Alfred (med aspergers och adhd) har känslan att gå hem själv till en kompis varit typ samma ångest som om en hemmakär och resovan tvingades dra till Indien själv i en månad. Men han gjorde det, växte två meter och nu behöver han aldrig mer vara rädd.

Jag tror fan jag ska baka en tårta. Så glad blev jag.

När han pratar med sig själv. När ont och gott strider mot varandra inuti en och samma människa. I Alfred vinner oftast det goda nu för tiden. Det har inte alltid varit så. Ett tag slog han mest omkring sig, men nu efter att vi förstått oss på honom, är han mest som andra fast hundra gånger mer energisk, intensiv och känslomässig. Som ett hus där alla fönster är öppna. Ständigt känslomässigt korsdrag.

Idag har han gått till en kompis igen. Gått själv, som om det aldrig hade varit på något annat vis. Som om han aldrig varit rädd. Lycka.

Trots att jag inte ens räcker till det jag vill. Kan jag ändå längta ihjäl mig efter att vara gravid. Föda. Skrika. Krysta. Svettas. Blöda. Spricka. Trycka. Gråta. Dö och återuppstå med en liten kladdig människa i famnen. Jag vill sitta obekvämt i en fåtölj på BB och bara stirra på mitt barn, låta kärlekstårarna droppa ner på den lilla kroppen. Jag vill spola mig med varmvatten mellan benen när jag kissat. Försöka få igång mjölken. Dricka svagt kaffe och snörvla över hur jävla vackert livet är. Jag vill vara på BB. På BB men inte åka hem. Jag längtar inte längre in än så i drömmen. Jag längtar alltså egentligen inte efter en bebis. Efter en ny människa. Efter fler små behov att tillfredsställa, sömnlösa nätter, blöjor och sandlådor. Torkad kolja, dill och potatis i burk på fingrarna. På fingrarna som jag drar genom håret innan jag lägger mig ner hos min man första gången vi ska försöka ha sex efter förlossningen. »Varför luktar du fisk?«

Nej. Jag måste alltså hejda min livmoder när den skriker efter ägg och spermier. Jag får inte låta något fastna.

Jag måste stå emot. Min längtan är visst helt ego. Jag vill ju bara åt känslokicken. Kärleksvulkanen som först ska mullra inifrån och sedan bara spruta ut över hela mitt liv. Brinna. Rinna.

Jag skulle inte räcka åt en människa till. Inte nu i varje fall. Kanske sen. Inte nu. Eller också aldrig mer. Aj. Det gör ont att tänka så. Men det gör lika ont att tänka på att en liten bebis skulle få vara kvar hos Danne och mig när de andra barnen i huset skulle åka till sin mamma/pappa. »Hejdå! Nu ska vi ägna oss åt bebisen. Mysa i dubbelsängen som ni andra fem inte får sova i. Som bara bebisen får sova i eftersom jag måste amma. Ses om en vecka. Oj, nu skriker hon, hinner inte pussa er. Ringer sen, om jag hinner. Hejdå!« Och jag ropar från balkongen med en liten bebis sugandes på bröstet: »Mamma älskar er. Lika mycket allihop.« Aj, aj. Det gör dubbelont.

22 JANUARI Skuld
Jag hatar skuld. Skuld som går runt. I familjer. Igen i barn, igen i barnens barn. Dåliga samveten. Vidare, djupare tills alla går böjda och tittar i marken. För vad? Det har de glömt. Det vet de inte längre. Kanske har de aldrig vetat. För de är barn. Och barnen får bära. Alltid. Tills en dag då någon modig jävel bryter mönstret.

23 JANUARI Sovit gott?
Det har jag. Ska duscha nu. Sminka mig. Göra mig lite bättre än vanligt. Det kommer en fotograf om en timme. Bilder till ett reportage. Om mig, Mia. Smöla. J:et. Det är mina tre smeknamn genom livet. J:et från tiden då

jag hette Johansson i efternamn. »Vi tar J:et.« Så skrek
Löken, killen jag alltid var kär i men som oftast var ihop
med min kompis, när det valdes människor till fotbol-
len i femman. Valde människor. De sämsta och fulaste
fick alltid stå kvar. De skänktes bort i slutet och då skrek
alltid någon: »Nä, vi vill inte ha henne, ni kan ta henne.«
Man fick ett tygband kring täckjackan. På de tjockaste
människorna satt tygbandet åt hårt. De tuffaste, popu-
läraste virade det kring armen. Alla visste ändå vilken
liga de tillhörde. Eliten. Toppligan.

Jag blev inte bortskänkt men jag blev ofta bortvald.
Fick vara med ibland. När det passade sig, liksom.
I fyran ansökte jag om medlemskap i det största tjej-
gänget. I sjuan fick jag komma in. Två års väntan. Men
sedan var jag med. Med på riktigt. Min status ändrades.
Jag blev lite populärare. Lite. Inte bortvald lika ofta.
Och jag fick också ligga full och sova i bortresta föräld-
rars dubbelsängar medan sonen som var ensam hemma
fumlade med sina händer under mina jeans. Lycka.

Ha, ha. Men de som var populärast, toppligan, de
som blommade tidigt, fick bröst först och alla killar, all
uppmärksamhet, som aldrig behövde kämpa för något.
De jobbar på Ica Maxi nu.

23 JANUARI Ja, ja

Klart man kan jobba på Ica Maxi och vara spännande ändå. Klart man kan. Jag menar bara att det kan vara en fördel att vara en late bloomer ibland. Att få kämpa lite för sitt liv, sin plats, sin luft. Vissa lever ut sitt liv på tjugo år, resterande röks bort under fläkten när barnen somnat. Typ: det bara blev så här och nu är det så här det är.

Fotograferingen är klar. Jag är ensam hemma. Lite tagen, lite rörd av att min mamma skrev så fint till mig idag. Vi har fått jobba för varandra, min mamma och jag. Jag var en jävulsk tonåring. Min mamma hade all andledning i världen att vara både rädd och arg. I alla fall under vissa år.

Jag tror att det var när jag själv blev mamma som vi hittade tillbaka till varandra. Och när jag skilde mig. Och när pappa dog. Då fanns hon. Fanns på ett icke-skuldbeläggande och luftigt sätt för mig. Jag kunde för första gången gråta utan att göra min mamma ledsen. Hon stod upp, bredvid, höll mig i handen. Rasade inte själv. Så gör en mamma. Så ska en mamma vara. Om hon kan. När hon kan.

24 JANUARI Det gör jävla ont!

Jag var den som ville lämna. Att lämna gör lika ont som att bli lämnad. Skulden man känner när man lämnar och förödmjukelsen man känner som lämnad är lika. Att känna övergivenhet och att överge är lika hemskt. Sant. Man sörjer inte mindre. Jag vet hur det känns att gå och veta i magen. Vi kanske ska skiljas. Jag vill skiljas. Jag vill hugga kniven i vår familj. Mina barn. Min man.

Skilja oss. Är inte glad längre. Att undra hur man ska säga det till barnen. Jag satt i badkaret. Skulle säga det. Barnen fyllde tomma schampoflaskor med vatten, sprutade mig i ansiktet. Flamsade. Jag försökte andas. Vattnet var för varmt. Rutan igenimmad. Det fanns ingen luft och magen gjorde ont. »Mamma måste berätta en sak för er.« Två glada ansikten som gnuggar vatten ur ögonen, drar bort vått hår från munnen. »Vadå mamma? Är det en överraskning?« »Öhh ... (jag tror nästan jag måste kräkas, jag skakar), nej, ingen överraskning. En ganska jobbig sak. Mamma och pappa kan inte bo ihop längre. Mamma och pappa gör inte varandra glada längre. Vi älskar er. Lika mycket och för alltid. Ingen ska försvinna ifrån er. Vi ska båda vara här. Men vi måste bo på olika ställen. Ni kommer att få bo hos en i taget ... Fan. Jag älskar er så jävla mycket.«

»Jaha. Jag vill ha glass.« Så fyllde vi de tomma schampoflaskorna med vatten och sprutade varandra i ansiktet igen. Efter några dagar började Alfred förstå. Efter några månader Heli. Allt tar sin tid.

Och ingen dör. Och det går att göra sjukt friskt. Men inget dött levande. I familjeterapi kan man få veta om det fortfarande finns liv. Så tror jag. Tror. Jag vet inte mer än det jag upplevt i mitt eget liv. Så jag har inga svar. Inte på någonting. Allt är bara tror.

25 JANUARI

Vaknar i en röd soffa. I en etta. Fias etta. Det luktar kompisar. Varmt. Kärlek. Vi har känt varandra i mer än femton år. Vi behöver inte säga så mycket. Jag är ensam nu. Fia har åkt till jobbet. Bildlärare. Överallt ligger skisser. Nakna kroppar och snirkliga blommor. På skithus-hållaren står en liten Jesusfamilj och tittar på mig när jag torkar mig. Maria. Josef. Jesus, fast hans ansikte är för litet för att synas, han är ju alldeles nyfödd. Född på toa. På en pappershållare från Indiska. De ser snälla ut. Fia är snäll. Jag bor hellre hos henne än på hotell när jag ska upp på jobb. Hotell är ensamt. Bara tv och säng. Betalporr och sprit i ett kylskåp som kostar pengar att öppna. Telefonplan är bättre. Mycket bättre.

Fia och jag rymde till Danmark en gång. Eller, jag rymde. Hon sa som det var till sin mamma. Jag sa att vi skulle paddla i Våtsjön i Karlskoga, typ två mil hem-ifrån. Men när jag ringde till mamma för att berätta exakt hur mycket vattnet glittrade av solen, hur vackert det droppade från paddeln, så ringde kyrkklockan tolv i Köpenhamn. Vi var där i en vecka. Drack tetravin och hängde med något gatugäng. När jag kom hem fick jag gå och hivtesta mig för jag hade legat med en sunkig eldjonglör som aldrig borstade tänderna. De skulle ringa om det var nåt. Jag vakade över telefonen dag och natt. När det ringde kräktes jag nästan. Till slut ringde mamma upp istället. Jag var frisk. Negativ.

Så. Jag lovade Mamma, Herren Jesus Kristus och mig själv att aldrig mera ligga med någon, bra tandhygien el-ler ej, utan kondom. Men efter några månader paddlade jag i Våtsjön igen. Runt kröken, bakom en ö. Där kunde varken mamma eller Herren Jesus Kristus se mig. Det var ju liksom på den nivån man befann sig. Skit samma om man gjorde sig själv hur illa som helst, bara man inte gjorde mamma ledsen. Ledsen eller arg.

26 JANUARI **Spökslottet**

Äh. Allt blev rätt fel. Jag skulle möta Danne i stan.
Vi skulle åka ut tillsammans. Hela poängen var att vi
skulle komma till slottet medan det var ljust. Tanken
var att vi skulle vara pigga, att vi skulle promenera, äta
och sedan knulla som galningar. Men när vi väl kom
dit var jag astrött, skithungrig och helt torr i munnen
(eftersom jag tidigare på dagen suttit och pratat i flera
timmar). Såklart hade det också hunnit bli kolsvart ute,
vi såg knappt slottet. »Ser du något?« »Nä.« »Men det
måste väl ändå vara här?« »Jo, det tror jag.« Romantiskt.
Rummet var dessutom rätt fult inrett, inte alls slottigt.
Mer åttiotal. Man sa också till oss att ett tvåårigt litet
pojkspöke brukar gråta därinne om nätterna. Att han
lämnades där att svälta eller frysa ihjäl. I vårt rum. Inget
man blir fuktig av direkt.

Så. 1. Vi har inte legat med varandra. 2. Vi har inte
pratat om något annat än mina jobb (vilket i och för sig
är jättekul för mig men inte så kul för Danne). 3. Vi har
knappt promenerat (bara sprungit upp och ner längs en
grusgång ett par gånger i beckmörker och i något slags
underjordisk gång). 4. Och nu åker vi till stan igen.
Måste shoppa något. Något till Danne. Så vi blir lyck-
liga igen. Kanske stannar vi i Stockholm tills i morgon,
kanske åker vi hem. Jag vete fan.

Är du på rätt väg?

30 JANUARI **Mammor kan också bli ledsna**

Så brukar jag säga till mina barn när de inte lyssnar. När
de skiter i vad jag säger och bara flamsar vidare, som
ingenting, som om det inte står en mamma rakt framför

näsan på dem och skriker sig gråtfärdig för att de ska lyssna. »Hur tycker du att det känns när någon skiter i vad du säger? När du pratar och ingen lyssnar? Likadant känner mammor.« Så säger jag till mina barn och då vänder plötsligt vinden. Vi går ihop. Jag har en blöt vante i varje hand. Bara hunden som drar åt ett annat håll.

Det gäller att låta dem förstå att mamma inte är en övermänniska. En som klarar allt. Det gäller att förklara det. Lugnt och fint utan någon skuld i rösten. Mamma har likadana känslor som du.

Nu missar jag snart båten.

1 FEBRUARI I morgon födde du mig

Sa Heli i morse. Hon fyller fem i morgon. Så nu ska här spritsas grädde och gömmas cykel. En rosa med cykelkorg och blommor. Det blir följa-snöre. Den står under altan. Hon har önskat sig en cykel och längdskidor. Värsta Pernilla Wiberg-andan. När barnen fyller år bestämmer de frukost. Heli vill ha pannkakor och Risifrutti (gjorde inte dessutom Pernilla Wiberg reklam för Risifrutti?). Så klockan sju i morgon bitti går jag in i stekoset. I stekdimman.

Idag: Har skrivit. Har nyss duschat. Ska städa barnrum och gå ut med hund och kompost. Räkskal. Värsta bästa glamourlivet! Ni vet väl att jag går ut med hunden i pumps och stuprörsjeans? Att jag sätter ena benet framför det andra, precis som modellerna. Plutar med munnen och snortar kokain för att hålla mig runt sextiotvå.

Här är förresten storm.

Små strumpbollar. Två strumpor istoppade i varann. Till en boll. En liten rosa. En liten lila. En svart. En lite större boll till tioåringsfötter. Många strumpbollar blir det. Fem gånger fem. Tjugofem strumpbollar i olika färger. Lilja biter och sliter i bollarna. Tror att vi leker. Jag springer efter och ryter. Naken. Jag har inte hunnit få på mig några kläder. Jag är för stressad för att göra allt i rätt ordning. Danne och jag är helt värdelösa på att ligga steget före. Vi ligger alltid två och en halv kilometer efter. När de andra redan dricker nyponsoppa och kramar kranskullan så har vi flera uppförsbackar kvar, då har vi blodsmak i munnen och ingen valla kvar på skidorna. Vi halkar baklänges. Innan vi kan börja packa måste vi också alltid tvätta tio tvättmaskiner. Vi har aldrig nog med väskor att packa i. Så lite hamnar i plast-påsar. Tattarpåsar. Påsar med lite av varje i. Typ någon Barbie, en kortlek, hundkoppel, mobilladdare, smör-gåsar att äta på vägen och ett paket tamponger till mig, som jag ändå aldrig kommer att hitta. Jag ska såklart ha mens i backen. Blöda vackert i vit snö. Om någon skulle se oss på vägen har vi en vit folkabuss. Men den kommer nog att vara helt igenimmad av alla små ivriga barn och den flämtande hunden.

10 FEBRUARI För att jag tycker att det är så jävla skönt
När vi får vara som vi är. Jag har ingen annan mening
med bloggen än den. Att befria någon från lite ångest.
Att befria mig själv. Alla utrymmen har känts så trånga.
Mörka. Och jag har ålat, krupit, kippat efter andan för
att försökt vara samma. Samma som de som försökt
vara som mig. Du och jag. Vi har typ irrat som blind-
bockar och smekt varandra i mörkret. Ett du som vclat
vara som jag. Och ett jag som velat vara som du. Tänk
om vi hade vetat. Då hade vi kanske garvat. Joe Labero
kan trolla sig in i sin röv och det är inget emot det sken
vi kan bedra varandra med. Nu vet jag. Nu ser jag ige-
nom yta. Nu ser jag hur människor gömmer sig. För sig
själva och för varann. Illusionen äter upp sig själv och
Joe Labero kommer aldrig mera ut ur sin röv. För jag
står på vakt. Allt blir annorlunda. Varje dag. Nu när jag
bara är jag. Och inte försöker vara som du. Det förtrol-
lar dig till dig. Jag ser dig. Vi förlöser varandra.

Så ska den här stjärnan vara att landa på. Det är min
önskan. Jordad. Med mycket himmelkontakt.

11 FEBRUARI Gött trött!
Tio över tre låg de tre yngsta barnen i snön och grät av
trötthet. Nu vill vi hem. Nu vill vi inte åka mer. Danne
och jag har spenderat hela dagen i barnbacken. Men nu
kan alla åka lift själva. In med knappen mellan benen.
Inte luta sig bakåt. Hålla skidorna ihop. Alfred körde på
snedden, Heli störtlopp rakt ner och Freja något slags
mittemellanvariant. Blandad stil liksom.

Förhållandevis få irriterade mammor och pappor i
backen.

»Tänk om du någon gång kunde göra som pappa säger.« »Att du aldrig kan lyssna.« »Fan, vad gnällig du är.« »Envisa ungjävel.« Det var väl typ det jag hörde utslaget på en hel dag.

Och så martyrmammor som slet ensamma med de små. Fördelningen: papporna åker med de äldre barnen i de större backarna och mammorna med de yngre i de mindre. Alla vet att det jobbigaste är att lära de små att åka. Varför i helvete kan man inte bytas av? Precis som med bilkörning. Det är fan så mycket jobbigare att sitta bredvid och serva alla än att köra.

Vi byts av. Båda måste få vila. Båda ska vara glada. Barnen ska minsann se att mamma också är en jävel på skidor och att pappa kan ploga med barnen mellan benen. Punkt.

11 FEBRUARI Heja Heja!

Gud, vad jag älskar de här barnen. Så på. Uppåt. Framåt. Inte en död sekund. Vi lever.

13 FEBRUARI Genomskinlig

Vissa dagar tar allt ut sin rätt. Jag blir genomskinlig. Tunn som den svagaste is. Jag brister när barnen bullar över. När barnen springer igenom mig. Går sönder av en liten spetsig armbåge i bröstet. Av en liten människa som bara lutar sig mot mig. Jag orkar inget. Inte ens gråta. Kravlar upp ur en isvak med rostiga dubbar som inte får något fäste. Halkar ner igen. Fryser. Behöver vila. Blåbärssoppastopp. Kraft. Utbrändhetskänslor jagar och jag hatar mobiltelefonen. Svarar inte. Vill inte prata med någon. Har ingen röst. Hör inte vad jag tänker. Känner inte mina tankar. Fem barn. Semester. Mens. Snö. Manus. Vantar. Mössor. Planering framåt. Kan du då? Kan du då? Kan du då? Hundmat. Tanka bilen. Telefonmöte. Vilka jävla lyxproblem. Jag vet. Och jag skyller mig själv för allt. Gnäller lite bara. Älskar mitt liv. Jag orkar ingenting, men snart går det över. Om en stund kommer min färg tillbaka. Om en stund så syns jag igen.

14 FEBRUARI O vad en liten gumma kan gno

Det är bara jag i stugan. Alla har åkt med vesslan upp till toppen. Vet ej vilken, det är så förbaskat många toppar överallt. Jag sitter mittemellan i en ful hudfärgad behå och dricker hudfärgat kaffe. Jag har själv erbjudit mig att börja städa. Inte för att jag gillar att städa men för att jag gillar tystnaden. Lugnet. I morgon åker vi hem. Sjuttio mil på en dag. Det går bra. Det går jättebra. Jag är jävligt stark när det väl gäller. Genomskinlig och stark. På min förlovningsring står det graverat: *Stark och Svag. Vild och Öm.* Den vrider sig om natten. Ställer

in rätt ord för dagen. Igår svag. Idag stark. När jag dör
måste mina barn kasta den i elden innan Gollum får fatt
i den. Den är magisk.

14 FEBRUARI Hade just städat färdigt

Tagit av mig kläderna, hittat den sista slatten whisky
och skulle precis gå in bastun. Då hör jag den vita bus-
sen. Våran buss. Mullra i snödrivan vid stugan. Om två
sekunder öppnas dörren. Om två sekunder är jag inte
längre ensam. Jag sveper slatten, slänger på mig tröjan
igen och ler glatt. Det blir bastubad med ungarna
istället.

Danne har köpt allahjärtansdag-present i våffelstugan
på toppen. Handgjorda örhängen. Typ slevar eller nåt,
gammeldagsa slevar, grötslevar i trä. Jag blir jätteglad.
Jag ska alltid ha slevarna i öronen (när vi är i fjällen i
alla fall). Vilken man! Till och med det hinner han med,
medan han är med alla fem barnen på toppen av fjället
och köper våfflor. Tänka på mig. Älska mig.

...tar sig en liten whisky klockan två på dagen, i fjällen, under en semester, när de har sagt till sin man och sina barn att de ska vara hemma och städa, då är de alkoholister? I obearbetade alkoholistbarnsögon har alla som dricker alkohol problem. Jag är inget sånt barn. Jag har fejsat min pappa. Tagit i sanningen. Sagt som det är. Jag behöver inte ta över flaskan. Och därför är jag inte rädd. Därför vet jag att alla som dricker inte är alkoholister. Jag blev också ledsen när min pappa luktade sprit. Luktar han något? Syns det något på ögonen? Alltid ledsen. Men det har inte gått i arv. Mina barn vet inte vad det är att »lukta sprit«. De reflekterar inte över alkoholen. Den är inget som påverkar deras värld, inget hot, ingenting. De mönstrena är brutna för alltid. Jag tröstar mig aldrig, varvar aldrig ner och flyr aldrig med alkohol. Det är viktigt. Jag dricker en skvätt när jag är glad. För att bli ännu gladare. Där börjar och slutar mitt drickande.

Annars: Vi sitter i bilen nu. Det är asjobbigt väglag. 60 mil kvar. Och ja, jag sitter vid min lilla dator och skriver om alkohol. För att jag känner för alla som känner sig fångade i ett beroende. Sitt eget eller någon annans.

18 FEBRUARI **Kåtspiral**

Det är ett vackert ord. Kåthet är vackert. Kvinnor är vackra när de är kåta. Att vara verkligt kåt är inte att ligga och hålla in magen, kasta med håret, pluta med munnen och trycka ihop brösten. Att vara verkligt kåt är att ge sig hän. Släppa. Falla. Flyga. När ta emot och ge flyter ihop. Man blir lycklig när man inser. Fri. När man kan snurra med i en kåtspiral. Såg en fotoutställning en gång, med bilder av kvinnoansikten när de fick orgasm. De hade smekt sig själva framför en kamera. Det var ansikten jag aldrig sett i porrfilm. Riktiga, verkliga, kåta kvinnoansikten. Rödmosiga. Dimmiga ögon. De njöt. De kom. Kom på riktigt. Och jag andades i deras glansiga ögon och kände mig själv. Kände mig representerad. Tjugohundraåtta och det finns fortfarande inga porrfilmer med sådana ansikten. Eller?

Jag tänker på mitt eget ansikte. Jag gråter ofta när jag kommer. För att allt som varit släpper. Och jag är så lycklig över att kunna sitta naken i sängen med ett fett knullrufs och känna mig vacker. Hel. Utan skuld. Det var en lång väg dit, men nu är jag framme. Nu är jag hemma. Hemma i mig. Trygg. Vargen har sten i magen och ligger i brunnen. Han är död och det var jag som dödade honom. Amen.

18 FEBRUARI Jag behöver vara i kärlek

För att kunna ha sex. Jag kan inte annars. Jag behöver vara trygg. Känna mig älskad. Jag klarar inte att någon går efter att ha knullat mig. Även om jag knullat lika mycket. Ingen får gå. Jag vill inte vara ensam. Därför har jag alltid haft svårt i början. När man just träffats, när man knullar lite hur som helst. När man kommer och går, till varandra, från varandra. Innan man bestämmer sig. Dig vill jag ha. Jag blir rädd. Tar ut övergivenheten i förskott. Tror att jag bara ska bli påsatt. En gång var det så. En gång men inte längre. Aldrig mer. Varför ska jag då vara rädd för det som inte längre är? Faran är över. Jag behöver inte överleva, jag behöver bara leva. Och jävel, vad svårt det kan vara. Just den skillnaden.

Jag skulle frätas upp som singel. Malas ner till köttfärs i tvångströja på akutpsyk. Jag hanterar inte efterdyningarna ensam.

Är sex och kärlek beroende av varandra? Överlever det ena utan det andra?

22 FEBRUARI Dags att lägga ner penseln

Tavlan är klar. Allt från och med nu blir kladd. Det jag målat liknar fortfarande mig. Om en stund kan det vara förstört. Jag vill inte mer.

Jag har varit ärlig. Även i mina elakheter. Varit som jag är. Människa. Och ni har tagit emot. Tillit. Det har varit så vackert. Sorgligt. Skört. Och jag har älskat era inlägg, era långa brev om era liv. Era rop. Er vädjan. Er önskan. Er humor. Er värme.

Vi har haft nycklar till varandra. Och jag gråter när jag kastar knippan i sjön. Men jag gör det för att jag måste. Gör det nu. Det vi gjort för varandra kommer ändå att överleva. Bestå. Vi har ju låst upp. Och när knippan sjunker till botten är vi fortfarande öppna. Det räcker så. Vi behöver inte dra ner varandra. Inte förstöra någonting.

Jag är stolt. Över dig. Över mig. Vi höll i tre månader. Nu har jag börjat försvara mig och det orkar jag inte. Inte heller kan jag låta bli. Om jag inte tar er till mig, det ni skriver, era kommentarer, vad har vi då kvar? Mina läppstift? Jag kan inte höja mig över. Vill inte höja mig över. Vill inte bli ett läppstift. En lunchtallrik. Dagens outfit. Pumps. Jag har inte varit mer äkta än någon annan. Äkta är ett skitord som hamnar på samma skithög som perfekt. Det kan ingen jävel leva upp till.

Ärlig är bättre.
Tack. Ni har varit ljus. Verkligen ljus.

29 OKTOBER Hej igen!

Jag trär försiktigt den tunnaste kondomen jag kan hitta runt mitt hjärta. Ingen kommer att märka den mer än jag. Jag kan inte börja där jag slutade, jag kan bara börja där jag är. I Iär.

Jag är så jävla dramatisk. Förlåt.

Här: I Värmland. På årlig häxfest. Betyder: Barnen klär ut sig till spöken. Barnen äter godis tills solar plexus skriker ut i rymden. Alfred klädde ut sig till den ansiktslöse i *Spirited Away*. Jag vet varför den tilltalar honom: för att den är ondgod. Ondgod som de flesta av oss. Han känner igen sig och jag känner igen mig i honom där han går omkring och ynkar med sitt lilla vitsvarta vemodiga ansikte. Han är vacker den pojken. Lik mig. Lik många av oss fast vi kanske aldrig skulle erkänna det.

31 OKTOBER Veckan som gått

Har varit som veckorna mest är. Upp och ner. Härlig.
Jobbig. Danne och jag grälade så att en kaffekopp flög i
golvet och kaffet skvätte ända upp i taket. Kaffet är kvar.
Jag har inte torkat bort det än, men vi har kramats och
sagt förlåt. Verkligen förlåt. Vi ryker ihop ibland men
när det är över är luften fan ta mig ren. Inget outtalat
kleggigt. Rent. Städat. Vi skriker sällan inför barnen
och om det någon gång händer ser vi till att de hör oss
även när vi säger förlåt. Jag vill inte att de ska få ont i
sina små magar och undra om vi också är på väg isär. Jag
vill inte att de ska tro att bråk alltid måste vara farliga.
Bråk kan faktiskt sluta med att allt blir bättre än vad det
var innan. För att alla får säga som de känner. Så säger
jag till barnen. Ibland kan det göra ont att säga vad man
känner och då kanske man måste höja rösten lite. Skrika
lite.

Jag pratade med barnen i telefon förut. De är hos
farmor och farfar i Norrland. De var glada. Jag hörde
det. Glada. Jag blev också glad. Så nu är vi glada allihop.
Snart får jag en gryta. Danne lagar. Men först en liten
billig whisky och tända ljus.

I morgon ska jag torka bort kaffefläcken i taket.

1 NOVEMBER Sex löser nio av tio problem

Det verkar vara många som har hängt upp sig på repor-
taget om mig i mama, på rubriken på framsidan: SEX
LÖSER NIO AV TIO PROBLEM. Klart att de lyfte fram
den, den är ju dyngprovocerande för alla småbarns-
mammor som aldrig orkar eller hinner tänka en endaste
liten kåt tanke. Nej. Jag är inget sexmonster och det går

ofta långa perioder då jag helt saknar lust, men jag är väl medveten om hur mycket jag behöver sexualiteten. Jag är väl medveten om att sex är lim. Klistret mellan mig och min sambo. Att problemen hopar sig när vi inte möts på det sexuella planet. Att prata om problemen är helt nödvändigt, kan man inte prata så är det fullkomligt skit samma om man knullar ofta.

Men jag tycker att man ska ta ansvar för sin egen sexualitet, inte bara gå med på att somna i tusen år som så många kvinnor verkar göra. Man får vara både dyngkåt och hur helig som helst. Man måste ju underhålla sin lust. Vårda den. Vi kvinnor behöver också sexet. Jag är så förbannat trött på allt tjat om sperman som går upp i hjärnan om killarna inte har fått komma på länge. Jag säger: mina »icke-komningar« äter sig inåt själen och jag blir deprimerad, lättirriterad, ja, jag krokar i alla möjligheter till tjafs. Jag är lika känslig som du, mannen. Men jag måste hitta lusten för att vilja. Min lust är annorlunda än din, mannen (nu blir det en rap!). Den är stresskänslig, sårbar och jag har för länge sedan avskaffat husfridsknullen. Jag »ställer aldrig upp«. Jag vill vara kåt och det får ta hur lång tid det vill.

Så. Vad menar jag? Sex löser nio av tio problem; jag tar ansvar för min egen sexualitet, min egen kåthet. Jag vet att jag behöver den, att den är syre i mitt hus. Mellan mig och min sambo. Att den förnyar vår gemensamma vilja, våra celler. Att den löser våra nio skitproblem. Att den höjer oss över vattenytan: strumpor, snor, räkningar, köttbullar, grus, hundhår, gnäll, syskonbråk, och en panna som inte fungerar. Jag går inte med på att somna i tusen år. Jag uppmärksammar frånvaron.

Förlåt alla homosexuella för att jag nu utgår från heterovärlden (vore jävligt intressant att höra hur ni har det). En snabb generalisering: mannen säger att »du vill ju för fan aldrig«. Kvinnan säger: »jag vill visst. Jag vill lika mycket som du men jag hittar inte vägen dit. Min väg är annorlunda. Inte lika rätt på och självklar. Låt mig få vara ifred lite.« Mannen: »Suck. Suck.«

I sucken går hon vilse. Varje suck drar dem mer isär. Ge fan i att sucka och börja hjälpa till.

Just nu: inte den minsta sexlust i min lilla kropp. Den är ute på flygtur. Bortjagad av för mycket arbete. Stress. Jag ska lägga lite frön på fönsterbrädan och se om jag kan kalla hem den.

2 NOVEMBER Rör mig inte

Så är min känsla. Så har den varit i en vecka nu. Ta inte i mig. Rör mig inte. Se knappt på mig. Vänta dig inget. Låtsas inte om mig. Jag vet inte om jag finns.

Det är nästan helt tyst. Bara elementen som rinner. Varmt vatten som försöker värma upp huset. Värma upp tomma barnrum. Ingen där. Klippta små pap-

persänglar som fastnar under mina fötter. Små skitiga
strumpor under sängen. Ett litet nattlinne med choklad-
fläckar på. Idag kommer halva skaran, Dannes tre. Och
fan vad den röda Ikeamattan luddar av sig. På tisdag
kommer resten, mina två. Jag ska städa de små rummen.
Plocka Star Wars-lego. Plocka pappersänglar. Ludda
av allt som är rött. Passa mig för att förstöra världar,
Alfreds världar. Där är visst en brandmansvärld. En liten
legogubbe som sover i brandmanshjälm med en sönder-
klippt kökshandduk som täcke. Han sover med öppna
ögon i en skopa som egentligen tillhör en traktor. Vem
bryr sig? Inte han. Han ler. Jag skulle också le om jag
vore legogubbe i en kravlös låtsasvärld. Jag har det bra
men i dagboken snirklar sig bokstäverna som de vill.
I dagboken blir allt så dramatiskt. För att man egentli-
gen vill att någon ska hitta boken och läsa. Det har jag
alltid velat. För att man vill att någon ska förstå. Du.

   Minns de dåliga låsen på de rosa dagböckerna med
prinsessor eller kattungar på. De skrek: Bryt upp mig.
Läs mig. Sedan blev man arg och dramatisk. Men man
fanns. För någon fick veta vem man var, bakom flinet.

   Solen vill inte att jag skriver mer nu. Den bländar upp
hela skärmen. Löser upp bokstäverna i sitt guld. Den
skriker: sitt inte vid datorn, din jävla nörd. Kom ut så
ska du få känna att du finns.

   Och jag ser. Den här dagen är vacker. Ta i mig. Rör mig.

3 NOVEMBER Bypass

Nu sågar de upp hans bröstkorg. Nu sprätter revbens-
flisorna och jag ber om nåd. Nu lyfter de ut hans organ
på en bricka och här på ön är himlen rosa. Jag åkte med

i hans lastbil när jag var liten. Åt vingummi från färjan. Åt äggmackor i sängen bakom förarsätet. Apk-limpa med kallt stekt ägg och varm choklad. Ibland kall pannkaka ur plåtburk med gummisnodd runt och sylt i egen liten söt burk. Det var himmelskt gott. Jag minns hur högt jag satt, som om jag svävade fram över vägen. Att man satt så nära fönstret. Och morfar som höll i ratten. I kursen. Starka armar. Urtvättad uppkavlad flanellskjorta. Uppåt. Framåt. Och rastställena. Heltäckningsmattor och stekos. I rasslig mikrofon: »Bräckt skinka med ägg. En bräckt skinka med ägg klar.« Det var vi det. Morfar och jag. Håll i dig, Rune Johansson. Håll i dig. Det är en fucking order.

Idag ska jag fotas. Intervjuas. Fotas igen. Sedan ska jag träffa Klara. Min fina Klara. Jag ska också ringa tvåtusen samtal som skjutits upp.

4 NOVEMBER Filmmagen

I filmvärlden finns en jävligt stor brist. Hudbristningsbristen. Många kvinnor jag känner har likt mig slappa sladdermagar. Som uttänjda tunnstrumpbyxor, färg: amber. Många har likt mig vackra marmoreringar i röd-lila-bruna nyanser. Inte vidare glamoröst men rätt verkligt.

Men vi finns inte.

Jag har hört att det även har förekommit bantningsorder på Scenskolan.

Fegt och tröttsamt. Inte 2000-tal alls. Det vore roligt med mångmagskulturfilmsamhälle.

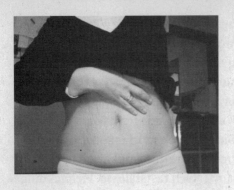

6 NOVEMBER mama

Jag har en tanke med att skriva för tidningen mama.
Jag har en tanke med att blogga just här. Jag har erbju-
danden om att skriva på andra ställen, i andra sam-
manhang, men jag stannar här en stund till, tycker att
det finns en öppenhet mellan mig och mama som är
jävligt skön och som säger mig att de har en tanke med
mig också. Jag är ingen kravmärkt-tovad-ull-oglammig-
rättvisemärkt mamma. Jag rafsar också i affärer efter en
snygg tröja till talkshowen som jag ska vara med i. En
tröja som kan ge mig lite bättre självkänsla för stunden.
Men jag har inga Huntergummistövlar när det är sol
och snustorrt på asfalten. Jag har gränser för hur myck-
et jävla trams jag slukar i mig. Fågel-, fisk- eller mitt-
emellanglammig? Jag är väl fiskglammig. Men bara för
att jag försöker simma under det ytliga så har jag ingen
lust att skriva för »Hjärta, själ och ande-magasinet« om
det nu skulle finnas något sådant. Fy fan, vad tråkigt.
Ingen lust att sitta på regnbågen och dingla med benen.
Det är ju olikheterna, kontrasterna som är spännande.
Och ja, jag vet att jag vevar med mina armar och dömer
en och annan här och var. Jag vill gärna slå lite på det

ytliga. Så som allt ytligt hela tiden slår på mig.

Jag älskar att se när Heli schamponerar sönder håret på sina Barbiedockor i badet. Jag älskar att se när synteten tovar ihop sig och aldrig mer går att reda ut.

Och ibland när jag städar under badkaret och hittar någon plastklumps-Barbie utan armar ingeggad i könshår och hudavlagringar så ler jag. Ler åt att verkligheten tagit över.

6 NOVEMBER Cellförändringarna

De var inte helt borta. Vi ska göra om operationen. Ta bort lite till. Den underbart snälla doktorn som har förstått hur rädd jag är ringde hem ikväll och berättade. Hon sa: »Det är inte något som är farligare, Mia, det är inte cancer, det är bara det att vi måste ta bort lite till av livmodertappen, vi fick inte bort alla förändringar.« Så sa hon. Snällt. Tack. Hon vet hur rädd jag är för att sära på benen. För de kalla instrumenten. Hon vet hur jag darrar i läppen när jag står där med mina fula strumpor och mitt för korta linne. Jag har berättat om allt. Allt ont och dåligt som har varit men som inte längre är. Jag har sagt: jag behöver hjälp. Så när jag slyngade livmodertappen sist fick jag lugnande, en extra sköterska och Danne bredvid mitt ansikte. Det var väldigt omtänksamt. Jag kände mig trygg och allt gick bra.

Det ska också in i modighetslistan: att våga be om hjälp. Svagast och starkast bland människor sa Selma Lagerlöf, och så säger jag med. Det ena utesluter inte det andra. Det starka behöver det svaga erkännandet för att kunna bli riktigt starkt.

Jag fick prata med morfar ikväll. En tunn röst i sjuk-

hustelefonen. Han sa: »Jag lever.« Jag sa: »Bra morfar.
Bra. Fortsätt med det.«

Jag tänker att jag fanimej ska se till att vara närvaran-
de. Man har ingen aning om när bildröret går sönder,
hur många repliker man har kvar eller om man någon-
sin blir inapplåderad igen. Det är nu det gäller. Inte
sedan. Viktigast av allt: barnen och att vi får vara friska.

8 NOVEMBER En brustablett senare

Jag tror inte det var många som vågade prata om min
övervikt när jag var barn. De flesta sa något om rund
o go, lillgammal och barnhull, det försvinner. Till slut
drog mamma iväg med mig till Viktväktarna. Där blev
jag av med vartenda kilo och mensen också. Där började
min anorexi. Hos Gudrun med vågen. Gudrun som
delade ut guldstjärnor när man gått ner två kilo på en
vecka. Guldstjärnor till en trettonåring som brösten just
slutat växa på. Slutat växa för hon rasade för fort.

Jag tror det var jag som införde åldersgräns hos
Viktväktarna, jag tror det var min läkare som ringde
och skällde på dem. Skit samma. Det funkade, men det
kostade. Jag blev smal, men lite matfixeringsskadad i
huvudet.

Om jag hade fått välja: smal utan matfixeringsskador i
huvudet.

Om jag inte hade fått välja: smal med matfixeringsska-
dor i huvudet.

Jag hade aldrig orkat bli fet. Och det hade jag blivit om
mamma inte viktväktat mig. Svårt fetare och dessutom
svårt vuxen. Så: jag ska nog våga prata om jag ser ett
tjockt barn som jag kan försöka rädda.

9 NOVEMBER Kväll, feber, popcorn
och *Mia och Klara* på tv:n

Nu ska jag tvätta håret på Heli och hon vill att jag ska
prata som Gulletussan. Det vill hon alltid. Att jag ska fö-
reslå olika schamposorter med grodröst. Jag säger: »Det
går inte ikväll Heli, mamma har så ont i halsen. Verkli-
gen skitont.« Då kramar hon mig, blåser mig i ansiktet
med sin söta lilla andedräkt och säger: »Jag älskar dig,
mamma.«

Och hunden dricker ur toastolen för jag har glömt att
ge henne vatten.

Och trädet utanför fönstret knakar och skorrar som
någon som snart ska dö.

Och min sexlust har kommit tillbaka igen. Den är
nyfödd och luktar vanilj. Jag får passa så jag inte tappar
den i golvet. Den är limmad så många gånger redan.
Som en tunn liten kinesisk handmålad kopp som man
knappt kan dricka varmt ur, som man absolut inte kan
köra i diskmaskinen.

Och Heli väljer det dyraste orangea schampot. Helt
rätt, silversnäckan. Helt rätt.

10 NOVEMBER Dramatik på jävligt hög nivå

I morse klockan 6:50 ringer Dannes telefon. Jag hör på
signalen att nu är det dags. Dannes bror som också bor
på vår ö väntar barn. Han och hans Jeanette och deras
lilla Klara. En vecka kvar. Men signalen är ettrig, liksom
akut, och ute piskar regnet. Det är storm. »Kan ni möta
upp oss och ta Klara, helikoptern är på väg. Jeanette har
fått en blödning och nu är det tre värkar på tio minu-
ter.« Dannes bror är psykolog, han är lugn. Vackert

lugn. Kanske lite väl lugn. Klara är deras lilla tjej, våran lilla kusin. Så där står vi i morgonmörkret, i regnet, i pyjamas, och väntar på lilla Klara. Väntar på helikoptern och den nya lilla människan som redan är på väg. Väldigt på väg.

Så: ljus på himlen. Blinkade ljus. Mullrande ljus och wom wom wom över våra små huvuden. Jeanette gnyr men ingen hör om hon försöker säga något för det blåser, regnar och helikoptern bedövar allas öron. Allt är som på film fast regnet är på riktigt. Och någon regissör finns inte. Wom wom wom. Ljuset snurrar över ön som Guds egen discolampa. Jeanette lyfter mot himlen och Björn får inte följa med. Det är för dåligt väder. Inga fler människor i helikoptern. Inte ens pappor. Inte ens psykologpappor. Så Björn får följa med hem till oss och ta nästa båt som vanliga människor, fast han just idag är hclt jävla ovanlig. För alldclcs strax blir han pappa, för femte gången.

Vi säger hejdå. Björn lånar en döskallemössa av Alfred och tar nästa båt in till stan. Jag hinner precis rosta några mackor till barnen. Alfred hinner precis hänga av sig regnbyxorna på skolan. Hunden hinner precis morgonbajsa. Ungen är ute. Och Björn hann inte fram. Ungen är här. Det är en flicka. En frisk liten flicka. Det är vad vi vet so far.

Nu är klockan 9:30. Vi dricker varm choklad. Klara har choklad kring hela munnen. Klara har fått en lillasyster. Klara har blivit en storasyster, som hon önskade sig. När affären öppnar ska vi baka en tårta.

11 NOVEMBER Så vinglar han iväg

Min lilla smala vinterbleka pojke. På sin nya, för stora cykel. Var han har fått sitt stora hjärta ifrån vet bara himlen. Jag står i den regniga rutan och tittar, tittar och tänker: sicken ynnest att just jag fick lov att bli hans mamma. Det är så det är med de där känsliga, överbegåvade pojkarna. Man ska vara stolt över att man fick uppdraget att bli morsan. Man får ställa sig fett isär med benen, greppa den stora ratten och bara ge sig ut på det stora havet som är han. I nöd och lust, baby.

I morse sa han: »Jag älskar dig mamma«, tio gånger.

I morse svarade jag: »Jag älskar dig med, Alfred«, elva gånger.

12 NOVEMBER Kissar bakom lastbil

Danne blir så arg ibland när jag inte kan skilja på höger och vänster. Han liksom kokar och skriker: »Ska vi åt höger eller vänster?« Och vi snurrar i rondellen. »Höger eller vänster, Mia?« Och vi snurrar ett varv till i rondellen. Höger eller vänster. Efter ett tag säger jag: »Vänster, Danne. Vänster.« Jag menar såklart höger … »Nä, fan. Stanna. Jag måste kissa. Du pressar mig.«

Jag hade en gubbsjuk bilskolelärare. Han kunde lägga handen på mitt ben när vi körde. Jag blev så nervös. Det var nog där höger och vänster-nervositeten började.

För att skilja på vänster och höger skriver jag min namnteckning i luften i smyg. Alltså fattar ni: jag skriver Mia Skäringer i luften för att känna vilken hand jag skriver med, för att känna höger. Tyst i luften varje gång.

Undrar om min terapeut har gått i pension?

13 NOVEMBER Hemma i några timmar

Jag längtar efter mina barn. Alfred med sina små torra armbågar och knäveck som behöver smörjas efter badhuset idag. Heli med sina små mollusker som bara blir fler och fler, och som också måste smörjas. Men det är ju inte min vecka. Inte jag som sköter om, kammar, borstar tänder, smörjer, hämtar, lämnar och nattar förrän på söndag. Så jag får väl helt enkelt bara köra upp mitt kontrollbehov och min längtan i röva.

Nu är det pappa som ska få vara pappa utan att mamma lägger sig i för jävla mycket. När Gulletussan skiljer sig och barnen har sina pappaveckor så står hon i busken utanför dagis med kläder. Kläder som hon tycker att ungarna ska ha på sig. De får alltså byta om i busken. Så att det blir på mammas vis.

På mammas vis. På mammas vis. Vi har många vis som vi vill att det ska vara på. Och när det inte är på de visen blir vi så oroliga och nervösa och arga och trötta och slitna. För vi vet hur det ska vara för att alla ska må bra. Alla utom vi själva, eller? Ja, det vete fan. Jag vet bara att jag alltid har dåligt samvete och aldrig räcker till och att det kanske är så att mitt lilla vis inte alltid är det bästa eller det som verkligen håller i längden ...

Jag ska försöka öppna mig för andras sätt och vis. Kanske pappas sätt och vis.

15 NOVEMBER Var är baddräkten?

Jag ska åka nu. Till spaanläggning. Med tåg. Mjölktåg. Mamma och brorsan möter mig där. Det ska bli spännande att se vad vi kommer att prata om. Vi är liksom aldrig själva, utan mina barn. Mamma är alltid mormor. Mormor Gun. Jag glömmer lätt att hon även är min mamma. Min mamma Gun. Jag använder sällan mamma på det vanliga mammaviset: »kan du ta barnen ikväll?«, »får jag låna lite pengar?« eller »jag är ledsen och behöver gråta i din famn«. Hon bor för långt bort. Vi ses inte jätteofta. Men jag älskar henne. Och hon är en jävligt närvarande mormor. Alfred och hon har något slags silvertråd som bara de begriper sig på. Kuriosa: min mamma prydde nyligen omslaget på en fisketidning. Hon hade krokat upp typ en av Sveriges största gösar. Hon satt på en trappa och höll gösen i händerna. Den hade världens jävla underbett och var längre än hon själv. Hon är en hejare på fiske. Nu ska jag bara hitta min fula baddräkt och väcka Danne.

16 NOVEMBER Spårvagnen

På väg hem. Hem till ön. Idag var allt bättre. Närmare. Vi kom ur det gamla och in i det nya. Litegrann i alla fall. Det är lätt att sitta i det gamla med sina blodsbandsmänniskor och inte i det nya. Jag vill gärna sitta mycket i det nya. Och bara lite i det gamla. Vi borde ha haft en

dag till. Det sa vi allihop. Det sa vi alla tre. Mamma. Jag
och brorsan. Vi hade just öppnat våra ögon. Just lutat
oss tillbaka. Just börjat se varandra. Just börjat andas.
Och då skulle vi åka hem. Nu saknar jag dem. De två bol-
mande värmländska människorna i gröna frottérockar.
Min familj.

Och min pappa låg väl i grön frottérock på ett moln
över Varbergs kurort och blossade, han med. Blossade
och tittade på oss. Välsignade oss. Sin lilla familj på
jorden. Nä, förresten, det finns inga cigarettaffärer i
himlen. Det har morfar sagt till Alfred genom himlen
och ner i magen. Det har Alfred sagt till mig. Ingen
sprit. Inga cigaretter. »Så sa han, mamma. Jag hörde det
i magen.«

18 NOVEMBER Tomtefrukost

Jag sa ju det. Varje dag från och med nu kommer någon
av ungarna att ha tomteluva. Alfred tog på sig både luva
och dräkt i morse. Luva med gröna fjädrar. Han skulle
ha det så. Äta sin frukost så. Och jag säger inte emot.
Jag vill också ha livet på mitt vis. Vi pratade om tvångs-
tankar. Alfred får sådana ibland. Att han måste göra
på vissa sätt flera gånger. Typ stoppa fingret långt ner
i halsen så han kväljs. Jag sa:»Kanske behöver du bara
berätta för mig att 'nu tänkte jag så där igen, mamma'.
Kanske behöver du inte göra det på riktigt. Om man be-
rättar så kanske tvångstanken släpper lite.« Det gjorde
den. En stund.

Alfred berättade att en fröken sagt att han har det
största hjärtat på hela skolan. Han har fina fröknar och
får fin hjälp. Förståelse. Om du träffade Alfred skulle

du inget märka. Om du levde med oss i en vecka skulle du märka. Märka hans energiväxlingar. Hur han ibland fräser som vatten i en het stekpanna och hur han ibland bara småputtrar. Han ändrar ofta färg. Ofta. Ofta. Och ibland orkar jag och ibland orkar jag inte. Tänk en gång när vi låg i soffan, han och jag. När jag precis var ny-skild, när hans pappa och jag precis hade flyttat isär och hela livet var så där skört och nytt och konstigt.

Alfred tittar på mig länge. Smeker mig på kinden och säger: »Mamma, du har blivit så vacker.«

Han måste ha sett min release. Det där nya ansiktet man får när man vågar släppa taget om något som inte längre fungerar. Han ser, den pojken. Ser allt.

Nu säger Danne, och fråga mig inte varför: »Zlatans mamma är också städerska, vet du det?« »Nä«, säger jag, »det visste jag inte.«

Min mamma är städerska. Lokalvårdare. Hon har städat allt; sjukhus, ålderdomshem och bårhus. En gång läckte visst en liksäck. Det var någon som hade drunknat. Men då var mamma där och skurade upp. Plockade rätt. Röjde undan. Hon är inte rädd för liv och död. Inte rädd för att ta i. Hon har tagit i så mycket att hela hennes kropp ömmar. Det finns människor som inte hälsar på städerskor, som går förbi dem på sina arbetsplatser. Som om de vore osynliga. Jag har sett det flera gånger. Och jag tycker det är hemskt.

19 NOVEMBER Små mjuka världar

Jag älskar dem. De små världarna som barnen klipper och klistrar ihop. Jag skulle vilja bo där. Det verkar så mjukt och vackert. Inga onödigheter. Bara ett hjärta på

145

väggen och en trådrulle och några gamla danska mynt.
Så ska vi ha det i segelbåten när barnen blir stora och vi
säljer huset. Inga onödigheter.

Det är diabetesigelkotten som har fått ett nytt hem.
Det är hans hus. Vi köpte honom igår av Alfreds kompis
Egil. Egil har diabetes och måste ha ett äpple bredvid
sängen när han sover över här. I början var jag lite skraj
och gick in och tittade till honom på natten. Lever han?
Andas han? Men nu har jag vant mig. Lärt mig hur det
funkar. Och om det någon gång skulle vara någonting
så bor ju hans mamma och pappa nära, jättenära. Han
har en pump i magen. En pump som han piper med.
Olika slags pip för olika mycket insulin. Vi testar ofta
och det underbara med den ungen är att han inte ser sin
diabetes som något handikapp. Det är bara så det är och
nu gillar vi läget, liksom. Vi vuxna är ofta så snabba på
att »oja« in att det är så synd om dig. »Nämen, lille vän,
oj, oj, ska du ta spruta, har du diabetes, nämen herre-
gud, vad jobbigt.« Oja. Oja. Så ojar vi inte runt i ring
kring Egil. Så ojar han inte om sig själv.

Jag hörde Alfred och Egil prata vid frukostbordet. Al-
fred: »Min medicin är nästan som din. Du piper ner ditt
blodsocker och jag tar en tablett för att bli lugnare.«

23 NOVEMBER Lugnt

Jag fick värsta vansinnesutbrottet igår. Jag skrek: »Du
skriker inte till mig.« Jag blev ett barn. En liten som
skrek på en liten. Jag kunde inte bättre. På kvällen går
Alfreds medicin ur kroppen och han får några timmars
tokspel, liksom ropar och far omkring utan plan. Och
jag försöker fånga honom. Oftast går det bra, men igår

orkade jag inte. Jag somnade i soffan. Och när han väcker mig med ett jätteskrik så brister jag. Så spricker min mammamask och under är jag en ödla. Som i tv-serien *V*. Min fula svarta tunga fladdrar och jag vet att jag ser grymt ofördelaktig ut där jag reser mig vrålandes ur soffan med mysbyxor som kanat ner så att rumpan syns. Jag vet att Danne inte just då tänker: åh, där är kvinnan i mitt liv. Han försöker hjälpa mig men skriket har redan stuckit ut huvudet mellan benen, krystvärkarna går inte att hålla emot. Jag skriker klart allt skrik som finns. Sedan andas jag. Tittar mig omkring. Nej. Glasen har inte spruckit. Alla verkar leva. Jag torkar upp mig själv, kramar Alfred. Vi pratar lite om varför allt blev som det blev. Sedan går jag med honom ner till hans rum och vi somnar tillsammans i hans lilla säng. Jag funderar på att be om förlåtelse men så tänker jag: vänta lite nu, mammor är ju också människor. Människor med helt orimliga krav på sig själva.

Jag håller om honom tills han sommar.

23 NOVEMBER **Dåliga sidor**

Att vara förälder handlar så mycket om att orka. Orka och ha tålamod. Om man en gång brister och inte orkar så är det ingen dålig sida. Det är en mänsklighet. Och då behöver man inte säga »förlåt, mamma är så dum«. Man kan säga »nu är mamma trött, nu är mammas tålamod slut. Det händer ibland«. För mamma är inte dum om hon inte orkar allt i hela världen hela tiden.

Jag tror att speciellt mammor dömer sig själva för hårt. Nu var jag dålig igen. Dålig mamma. Dålig mamma. Jag tror att vi ofta är alldeles på jävla tok för hårda

147

mot oss själva. Att vi skulle må bra av lite bättre mamma-självkänsla. Inifrån och ut.

23 NOVEMBER Det är klart man ska säga förlåt

Jag menar: Förlåtet är livsviktigt. Det är klart. Men viktigt är också att man lossar lite på kraven man har på sig själv. Jag säger ofta förlåt. Oftast, men inte alltid. Ibland är det barnen som får säga förlåt. Som får ta initiativet, även om jag skrikit. För att jag sa till hundra gånger innan. För att de inte lyssnade. Klart jag höjer rösten till slut. Klart jag skriker. Det är inget konstigt. Och jag tar emot deras förlåt med kramar, jag tar emot det med kärlek. Och jag säger inte: »Förlåt att mamma var så dum just den gången.« Jag säger: »Vad fina och omtänksamma ni är som säger förlåt till mig. Tack. Jag älskar er och jag ska försöka att inte skrika mer. Och ni ska försöka att lyssna. Eller hur, kids?«

Så gör jag, men så har jag också vissa dagar fulla av konflikter. Adhd-relaterade konflikter. Aspergers-relaterade konflikter. Jag kan inte be om förlåtelse för att jag inte orkar jämt.

30 NOVEMBER Första advent

Jodå, nu har vi letat fram vår adventsstake. Den är från mamma och pappa. Från barndomen. Den är från höghuset med heltäckningsmattorna som brändes mot rumpan när man satt på golvet framför tv:n. Från den brun-orange-gröna tiden. Mamma brukade lägga mossa i botten, livsfarlig snustorr mossa och små flugsvampar av frigolit. Här blir det ingen mossa i botten. Inga frigolitsvampar. Jag är livrädd för bränder. Jag springer

som en galning, som en människa med värsta tvångs-
tankarna, och kollar så att vi har stängt av allt om vi ska
åka någonstans. »Jag har stängt av allt«, skriker Danne i
dörröppningen. »Ska bara kolla en extra gång«, skriker
jag. Och kollar och kollar och kollar. Kollar så att vi
nästan missar båten. Här ute på ön brinner husen ner
fort. Brandkåren är lika med fiskargubbar på moped.
Fiskargubbar med vattenkanoner.

Idag kommer barnen, alla fem. Idag fylls huset. Och
kylskåpet gapar tomt, gapar som skriet med en kaviar-
tub och en burk rödbetor i käften. Affären här ute är
inte öppen på söndagar och jag orkar faktiskt inte åka in
till stan idag. Vi får koka gröt till kvällen och storhandla
i morgon.

Och jag är glad över mitt lugn. Jag har gått ner i varv.
Sovit gott. Nu andas jag från botten i mina lungor igen.
Så som man ska. Så som det är tänkt.

»Det är länge sedan du var så utvilad, Mia«, säger
Danne. »Ja«, säger jag och ler inifrån och ut. Det var
länge sedan. Länge sedan jag släppte ner axlarna till
axlarnas egen höjd. Till deras egen plats. Jag har haft
kort hals jävligt länge. Men den här veckan ska jag vara

en giraff. En långhals som höjer sig över alla måsten, alla krav. En som vilar sitt huvud bland trädkronorna och andas himmel.

1 DECEMBER Första luckan öppnad

Och i Helis mage ligger en liten ljus choklad. I Helis mage kittlar julen. »Kommer det nån snö tror du, mamma? Och varför går farfar alltid ut med hunden när tomten kommer hos pappa? Och drethalsen kommer väl inte i år?«

Drethalsen är en figur Danne och jag skakade fram det första året vi firade jul tillsammans. Vi hade just flyttat ihop. Allt var kaos. Vi skulle försöka få ihop alla barnen och äta julmat och dela ut julklappar. Men mina barn längtade bara efter sin pappa. Efter sin riktiga familj. Och jag hade råångest. Skuldkänslor som sprutade som tomtebloss ur mina öron.

Nu ska vi vara lyckliga. Nu ska vi vara lyckliga.

Så fan heller.

Vi hade inga tomtekläder. Danne klädde ut sig till typ en påskgubbe och kallade sig för Drethalsen. »Ho ho i stugan, finns det några snälla barn? undrar Drethalsen.« Jag satt likblek och stirrade i soffan och ungarna fattade ingenting. »Ja, Heli! I år kommer den riktiga tomten, precis som förra året också. Hos pappa. Hos mamma. Drethalsen kommer aldrig tillbaka. Han var bara ute en endaste jul och det var för att tomten hade brutit benet just då. Han har ett annat jobb egentligen. Han var liksom bara Nisse från Manpower, om du fattar.«

Heli ler och undrar om hon får öppna lucka nummer två.

1 DECEMBER Från rum till rum

Jag plockar strumpor snabbare än ljusets hastighet. Små pappersremsor. Blöta vantar. Star Wars-gubbar. Plåster. Gosedjur. Ruttna äpplen som ingen åt upp ur ryggsäckar. Ibland mögliga pannkakor i igenimmade plastlådor. Jag tar sakerna från rum till rum. Till skräpkorgar. Till garderober och hyllor. Och egentligen var jag bara på väg till toaletten. Medan jag torkar mig i ändan hinner jag alltid byta en pappersrulle, kolla vilka schampoflaskor som är tomma, tänka på någon rolig replik och skruva på korken på barntandkrämstuben.

Swisch. Swosch.

Jag gjorde jämt så förut, innan jag blev utbränd. Nu när jag torkar mig i ändan så torkar jag mig bara i ändan, inget annat.

I morgon ska jag dra pappret sakta, sakta och riktigt känna hur jag faktiskt sitter och torkar mig. I morgon ska jag tänka: och här sitter jag och bara torkar mig. Om ungarna ropar svarar jag bara: »Mamma torkar sig.« Hallelulja. Jag torkar mig, ingenting annat.

Det ska jag fan lära mig.

2 DECEMBER 6:20 Bara Mia är vaken

Ska till gyn och slynga igen. Fick inte bort alla cellförändringar. Måste slynga lite till.

Så: en lugnande och jag särar för Gud och hela mänskligheten. Och Danne sitter bredvid och tittar på den snidade tavlan i trä. Det gör vi båda två. Det finns en massa märklig konst på sjukhus som man kan fästa ett par rädda ögon på.

Men det är ju inte cancer. Det är ju cellförändringar

som kan leda till cancer på sikt. Jag nynnar på *Härlig är jorden*, andas och känner mig djupt tacksam medan gynekologen ställer in stjärnkikaren mellan mina ben. Och jag säger det igen, jag säger det 06:20 på morgonen: har du inte varit och tagit ditt cellprov så pallra dig iväg för tusan.

2 DECEMBER Sicken dag

Trött. Jodå, ingreppet gick väl rätt bra. Jag tjöt en skvätt, fick lugnande och Danne höll handen. Jag är inte tuff mellan benen. Jag är skör och det väcker upp så mycket gamla onda grejer. Ja, ja, det där har jag skrivit om förut.

Så när allt äntligen var klart skulle jag åka till veterinären med min lyckodrake Lilja och ta bort några stygn på hennes ben. Jag tog i, hon är ju rätt stor. Höll henne medan de klippte och tvättade och vips så började jag blöda. Blöda mycket. Nej, man skulle inte blöda så mycket. In till sjukhuset igen. Sära. Badda. Stilla blodet. Men lyckodraken hade läkt bra.

3 JANUARI En tanke

Apropå det där med att sperman skulle gå upp i hjärnan på mannen om han inte får komma på länge. Vad händer med kvinnan då? Vart tar hennes safter vägen? Jo, de pressar sig ut i tårkanalerna och hon gråter. Kanske är det därför som kvinnor i regel gråter mer än män. För de har så många outlevda orgasmer att de måste komma med sina ögon. I smyg.

Skit samma. Det är förbannat skönt att gråta.

Ni har väl handlat riktigt porriga julunderkläder nu, tjejer? Röda spetstrosor. Röd strumpebandshållare. Röd behå. Ni vet väl att julen är vår porrigaste tid? Det är då vi verkligen har tid att bli kåta. Gud, vad våta alla mammor blir när de rusar runt i affärerna och köper plastkrams. Gud, vad våta alla mammorna blir när de lagar revben och ris à la malta. Ja, det riktigt rinner kärlekssaft mellan mammornas ben, riktigt glänser mellan sjö och strand när mammorna prasslar med paketpapper och krullar snören.

BR är nog den mest upphetsande affären som finns. Alla sexiga färger. Bara jag ser gubben som flinar upp sig med paradmössan på huvudet så bultar det mellan benen.

Åh, tänk på tomten, så jobbigt han har det. Bäst att hålla honom på gott humör. Bäst att bjuda till lite. Blink, blink. Känn här, tomten. Här under kjolen. Mamma har porrat till sig. Nu orkar du väl trycka ner dig i några skorstenar till, va?

Om man står utanför H&M i Nordstan, om man står utanför underklädesaffären med allt rött porrigt i ryggen och tittar på alla mammor med hundra barn i släptåg. Vagnar. Nappar. Svettiga dunjackor. Pommes frites i sulkys med fyraåringar som kunde gå själva för hundra år sedan. Då känns det som om vi ramlat ner i Grand Canyon. I helvetesgapet. Vart tog människan i mamma vägen? Fågel, fisk eller mittemellan? Det bränns ingenstans. Det är kallt överallt. Äh, vi kanske ska sluta leta. Då kanske hon kommer fram.

Och jag tittar på svanarna när jag sitter med min mega-
binda i byxorna, ihopsydd, lagad, på båten hem till
ön. Fan, vad länge sedan jag tittade på svanarna.
Vita.

Oftast sitter jag bara och sms:ar. Oftast är jag bara helt
rastlös. Men idag går allt i slow motion. Sakta. Jag hör
mitt hjärta. Ja, jag känner: Idag lever jag för idag minns
jag att jag kan dö. Förlåt dramatik och blod, förlåt tan-
kar om död mitt i tacomyset. Men det är en sådan dag.
En ovanligt levande lördag. Ett tacoshell som brister
och tomatsåsen forsar över händerna, mellan fingrarna
och ner på den vita tröjan.

Jag har precis orkat slå på min mobil för första gången
sedan jag kom hem från sjukhuset. Jag lyssnar av mitt
mobilsvar: »Ja, hej lilla Mia, det här är Pia (*lilla Mia*, var-
för heter alla journalister Pia och pratar stockholmska?)
från Aftonbladet här igen, jag undrar bara lite hur det
går med blödningarna, alltså om du blöder mycket eller
lite, om du bara ville ge en kommentar. Hur mycket rör
det sig om?«

Jag skriker till Danne: »Det är fan inte klokt!« Sedan
hör jag hur någon i andra änden börjar guppa av skratt.
Jag hör hur stockholmskan ebbar ut och Klara tonar in:
»Förlåt, du kanske inte tyckte att det skämtet var roligt,
men jag kunde inte låta bli, det är alltså Klara. Ring mig
när du orkar.«

Jag skrattar så stygnen stramar.

Pia. Jag vet att Klara började kalla sig för Pia redan när
hon var skitliten, att hon ofta satt på toa med en ban-

dare och intervjuade sig själv. På stockholmska. Idag: hands-up för alltihop. Jag vilar vidare.

9 DECEMBER Totalt osexig morgon

Vissa morgnar har mer hår under armarna än andra. Luktar mer snus än sex och är helt enkelt jävligt svåra att få någon fason på. Det blir bara: »Skynda nurå. Inte de strumporna, varför kan du aldrig lyssna, nej, mamma vet inte var den är och sa jag inte ... men herregud, var är cykelhjälmen, nej, du får inte cykla utan hjälm och varför har du slängt din pyjamas här ... Hejdå, mamma älskar och mamma älskar. Puss, puss.« Och mamma räcker aldrig till.

Och jag får just veta att lucia firas på torsdag när jag är i Stockholm, jag hade hela tiden planerat för fredag, planerat att locka hår, skruva i lampor. Fan, då blir jag sunkmorsa igen. Bara Danne som kan gå. Pappa är i New York med Ray.

När alla är ute ur huset står jag ensam kvar och försöker minnas mina fyra sista siffror i personnumret.

12 DECEMBER Törnekrona och Pepsodent Whitening

»Skynda, pojkar!« Alfreds kompis har sovit över. Nu har pojkarna bråttom till skolan. Alfreds jacka har geggat igen av lera, det går inte att stänga blixtlåset. Han får låna en annan, lite för stor jacka.

»Det blir ju värsta rocken, mamma«, säger Alfred och gör en fotomodell-move i hallen.

»Jättesnyggt«, säger Egil. Det är min brorsas jacka. Jag har inte riktigt koll på alla jackor som hänger här. Det är så in i helsike mycket jackor. Sju som är igång, och en massa reservdelar för blöta, geggiga dagar.

Själv har jag sovit med fyrtio kilo smink i ansiktet, sovit i Helis säng, i fosterställning medan foundationen långsamt trängt sig upp genom porerna och in i hjärnan. Jag var så förbi av trötthet och när Heli pep inifrån tjejernas rum gav jag upp min egen säng.

Vi har ständiga diskussioner om det här med att väcka mig på natten, i vissa perioder springer jag som en kypare mellan sängarna och tar upp beställningar. »Vatten, mamma.« »Kissa, mamma.« »Ligg här en stund, mamma.« »Täcket är för kallt, mamma.« »Jag behöver snyta mig, mamma.« Men oftast sover barnen. Och när jag snackar med dem så verkar de fatta. Kissa kan man göra själv. Och helst innan man går och lägger sig. Snytpapper och vatten fixar vi på kvällen, står bredvid sängen. Extra täcke och filtar likaså.

Mammor måste också sova. De har samma behov som alla andra människor.

Danne har sagt: »Ni får bara väcka mamma om ni vaknar och det sitter en stor tjock tant och äter spagetti på golvet.«

Barnen flabbar och jag med.

Tjock tant som sitter på golvet och suger i sig spagetti i mörkret ...

12 DECEMBER En familj

Min terapeut sa något fint till mig när jag nyss separerat: »Mia, nu är du och dina barn en familj. En riktig liten fin familj. Ni tre.« Jag tänkte på det där. Det var så enkelt sagt och så svårt att trycka in i mitt hjärta. Gud, så skönt när det äntligen bubblade ner i den smala flaskhalsen. När jag kunde svälja den flisiga karamellen som skavde i min hals. När det gick upp för mig: Det är allt annat som är en illusion. Normerna. Traditionerna. Det är idéerna om allt som får mig att känna mig misslyckad. Jag är inte misslyckad. Nä. Jag är faktiskt jävligt lyckad. Familjer kan se ut på så många sätt och ändå vara på riktigt. Och det viktiga för barnen är kvaliteten på syret i familjen, att det finns luft, glädje, tro och hopp. Att det finns kärlek i den lilla eller stora klungan som håller ihop.

16 DECEMBER Okänd agitator

En dag när jag skulle gå till affären hade någon satt upp den här lappen. Den hängde kvar tills den regnade bort. Visst var det vackert!

20 DECEMBER ADHD ASPERGER PMD

OCH MASSA KÄRLEK DÄREMELLAN.

Så ska det stå på våran ytterdörr. Vi har pratat om en ny namnskylt eftersom det bara står ett av våra efternamn på den vi har nu. Jag tycker det här låter som en spännande familj. Som lustiga huset. Prickiga tunnlar som går runt, trappsteg som guppar upp och ner, förvrängda spegelbilder och falluckor lite här och var.

Pmd. Det är väl det jag har. Premenstruell dysfori. Jag gick ju och trodde att jag var manodepressiv. Så det här var ljusare!

21 DECEMBER 4:e advent

Och i morse kom årets första tomtehot. Barnen bråkade om hur många luckor det var i julkalendern. Alfred propsade på tjugofyra och Heli envisades med tjugofem. Jag sa: »Tänk på att tomten ser och hör allt ni gör.« Tomtehoten brukar komma redan vid midsommar, så det här var riktigt bra för att vara jag.

Idag kommer barnens pappa hem. Han har varit i New York i två veckor. Jag märker att Heli saknar honom jättemycket. Och hon vill inte prata i telefon. »Nä, mamma, jag vill ha honom på riktigt. Det blir bara värre i telefonen.« Heli är pappas tös, liksom. Jag försöker trösta med att »det kommer vara rockigt att ha en turnerade pappa när du blir stor, Heli. Tänk: då får du följa med pappa till Australien och titta på känguruungar. Till Japan. Ja, runt hela jorden, Heli.« Hon vill börja spela fiol så att hon kan lira med pappa. Han turnerar några månader om året och resten av tiden jobbar han mest här hemma på ön, där han också bor. Ja visst, det är rena rama Bullerbyn, typ Järvsö. Fast jag är nog inte alls lika trevlig som Lill-Babs.

Tanten med svarta skrynklor i ansiktet säger: FAN OKSO. Jag undrar om det är mig Heli har målat av?

23 DECEMBER Skål!

Snart kommer sommaren och prästkragarna vänder sig mot solen.

Skål för alla er som läser. Ni sprider så mycket ljus. Här får verkligheten ta plats. Back off all jävla yta och blaj. Själ och hjärta går före i kön. Verkligheten har vip-kort.

Jag injicerar allt hopp jag har. Ja, jag kör kanylen rakt in i hjärtat. Ett återupplivningsförsök av alla omedvetna drömmar. För att dra igång det liv som eventuellt inte levs. För kärlek. För de drömmar som stängts in. Jag vet, vi kan vad fan som helst. Allt vi vill. Allt annat är en bort-förklaring, ett slöseri. Och jag ser att respiratorn ger utslag. Hjärtat är igång. Linjen rör sig. Patienten reser sig upp och går vidare till Andra chansen.

Så: röstningen är igång och telefonslussen stänger

aldrig. Christer Björkman sliter sitt hår för alla sånger är för bra. Ring in dina bidrag. Vartenda öre går till dig själv, du vackra människa. Lev nu det liv du har, för jag vet inte om det kommer några fler.

Och: kom ihåg dig själv. Var dig själv. Känn dig själv. Jämför dig inte med andra. Ingen är lyckligare. Det är bara yta och bra spel.

Skål nummer två, det andra glaset vin, går till Danne och barnen. Allt börjar och slutar hemma. Jag känner mig älskad. Och jag älskar.

Nu syns snart Jesus huvud.

»Känn, Maria.« Så sa min barnmorska. »Känn på huvudet.« Och jag kände, det buktade mellan mina ben. Ett huvud. Hår. Och jag andades. Det nya livet kom alldeles av sig själv. Jag behövde bara vara där. Närvarande i varje liten uppstyckad sekund.

Så svårt och så enkelt.

God jul!

25 DECEMBER Margaretha Krook och glögg

Mörkt i huset. Lite vemod i hjärtat. Ett par kilo upp på vågen. Och vackra Margaretha läser om Jesusbarnet på den tjocka, fula, gråa Stenabåts-tv:n som snart ska ringas ut (det kommer en plattare). Vi är tysta. Säger inte mycket. Övervåningen är städad. Undervåningen uppskjuten till morgondagen. Bara tvättmaskinen som dunkar som en båtmotor. Dunkar runt små barnkläder. Och jag sket totalt i att färgsortera, ja, ni skulle ha sett mig när jag tryckte in hela regnbågen i det runda lilla hålet.

»Vem ska vara tomte i morgon? Och vad lite prinskorvar vi har kvar. Kan din mamma köpa med mera omslagspapper?« Små oskyldigt söta bekymmer studsar mellan tända ljus.

Och bindorna är slut. Och Jesus vände sitt ansikte och gav mig ihoprullat toapapper (jodå, det är romantiskt att bo på en ö utan bilar och närbutiker. Närmast en religiös upplevelse).

Och idag såg jag att kaffefläcken i taket från Årets gräl 2008 fortfarande är kvar. Den måste vi tvätta bort innan klockan slagit tolv. Den är sorglig och jag vet precis varför den kom till, varför koppen slungades iväg. Det var mitt fel och jag har sagt förlåt.

28 DECEMBER Solen snabbspolar sig upp

Idag ska jag och Alfred gå ner och titta till vår fula lilla båt som ligger och grinar under en presenning någonstans på ön. Titta till den, som alla gubbarna gör flera gånger i veckan med sina. Annars är det mest rörigt. Rörigt hemma och i mitt huvud. Fan, jag har inte ens en mobil som fungerar (tappad i stengolv), ingen alma-nacka för det nya året. Jag har inte koll på datum och resor. Ingen aning om deadlines och reptider. Det hopar sig som en gråkleggig gröt, en dimma. Jag behöver skapa ordning.

Nu frågar Alfred något jätteviktigt: »Mamma, vad gör man om man vill göra som någon annan tycker fast man inte är sugen på det den andra tycker?« Jag har bett ho-nom att ringa en kompis för jag tycker att han ska leka med någon idag, och jag fattar att det är det han menar, att han vill göra som jag tycker men inte vill det själv.

Shit. En svår fråga. Han väljer att vara hemma med mig för ofta, han behöver sina vänner och så fort han är över tröskeln så har han alltid jätteroligt. Ibland får jag tvinga, ibland släppa.

Jag släppte. Han behöver nog bara mig idag. Lugnet här hemma. Nu sorterar han alla kortlekar i hela huset, nu räknar han alla korten. Det här blir bra. Bara han och jag. Ibland puttar jag faktiskt på honom, men idag var inte dagen.

»Mamma, ska man räkna med jokrarna?«

»Ha, ha, jag vet inte, Alfred. Ska man det?«

29 DECEMBER Eller en kille, ja

Han pratar själv om tjejer och är ihop med någon då och då. Vi får väl se. Bara han får älska. Och blir älskad. Själv känner jag mig som om jag är bi (which means fri), så här finns inga fördomar. Men jag hoppas verkligen på barnbarn. Så om han skulle vilja leva med en man hoppas jag innerligt att de hittar ett lesbiskt par som de kan sätta några ungar till världen med. Tänk, sicka dyngsköna familjemiddagar det skulle bli! Jag skulle bara sitta i mitten som värsta stolta Mona Malm/Ghita Nørby i stor ryschig hatt och röka cigarr. I själva verket skulle jag springa arslet av mig efter alla små bebisar så att de inte ramlar i trapporna, stoppar något i munnen eller på något vis slår sig. Och tänk om vi bor på segelbåten då, det är ju min dröm, hur fan ska vi göra då, med småttingarna alltså, åh herregud, vi får ha flytvästar på allt och alla och mina barn kommer att bli så irriterade på mig för att jag oroar mig och piper för minst lilla. »Morsan, spänn av för i helsike. Du projicerar ju din oro på barnen ...«

30 DECEMBER Tack gode Gud!

Vet ni att jag tänkte läsa till präst. Jag föreläste i olika församlingshem och träffade olika präster. En del jävligt torra och hopknäppta och en del underbara, men mest av allt tänkte jag: hur kan det vara så trångt och ont om syre, så lågt i tak när det handlar om Gud. Om villkorslös kärlek. Lars Collmar sa till mig: »Hitta nu präster som kan stötta dig, du kommer att behöva många bakom dig.« Shit, då blev jag lite skraj. Fast jag fattade också att jag aldrig skulle ha orkat vara Präst-Mia, jag behöver rollerna för att få vila från mig själv, jag är så förbannat trött på mig själv ibland. Och jag hade nog en så kallad för andlig tro, för flummig antar jag. Skit samma, Svenska kyrkan är under total cover-up. Som en gammal tatuering som måste ordnas till. Och jag tycker det verkar hända mycket bra. Jag blir så glad, bara så löjligt glad för att du som skrev till mig tidigare är homosexuell. Och för att du läser till präst och för att du läser min blogg. Säg till när du har blivit prästvigd. Då vill jag ta nattvarden hos dig. Och om jag slutat skriva och råkar ta nattvarden hos dig ändå – tryck upp oblaten så att den verkligen klistrar sig fast i min gom. Och häll i mig vin. Välsigna mig och låt mig veta att det är du.

31 DECEMBER Älskade du

Några tankar till dig som ska separera från dina barns far. Låt sorgen komma. Det är en död. Och det enda jag kan säga är att man återuppstår. Och det enda jag kan säga är att ni är familj ändå. Allt förändras, men ingen försvinner. Varannan vecka behöver inte vara rotlöshet. Men bråk och tystnad blir en rastlöshet som ingen kommer undan. En känsla av att inte vara där man vill, att ständigt fly eller bara stänga av.

Och jag känner känslan nära. Om en stund ska vi berätta. Jag känner den där overklighetskänslan. När man står vid stupet med barnen bakom sig. »Nej då, det ser inte så högt ut«, säger man och tröstar, men man ser inte marken. Och det blåser storm. Och man hör inte vad någon säger. Men jag lovar. Det är värst innan. Innan man hoppar. Ångesten. Och marken är där. Ta dem under vingarna. Det kommer att gå bra.

Och det man kan göra för barnen är att visa varandra respekt i sorgen och ilskan. Inte prata illa om varandra.

Kom ihåg: du är en bra mamma för du tar ditt liv på allvar.

3 JANUARI Försiktigt

Och jag hör någon gammal Lisa Nilsson-låt i huvudet, någon textrad jag tjutit till för länge sedan: *ta det försiktigt, ta det varsamt, för det är mitt hjärta du håller i din hand.*

Det är en sådan dag. En skör. Och jag fryser så tänderna skallrar när jag går i släptåget med alla barnen ut i kvällen. Vi såg *LasseMajas Detektivbyrå*-filmen på bio och den var faktiskt dyngbra, jag älskar Jacob Ericsson. Jag vet inte vad det är med hans ansikte, men det berör mig alltid. Ungarna flamsar såklart på vägen hem. Och jag orkar inte. Och jag skäller ut en liten fjortis som kallar en dam för jävla kärring när hon tar lite tid på sig att gå av spårvagnen. Jag balanserar på gränsen till sammanbrott och biter ihop mina tänder så amalgamet isar. När jag kommer hem gråter jag en skvätt i smyg så att mascaran smetar mot Dannes billiga H&M-t-shirt.

Och min lilla mamma med nackspärr i Värmland sms:ar »fina du i Aftonbladet«. Jag blir lite glad. Och jag minns hur mycket jag satt och blödde den där dagen då jag blev intervjuad.

Jag kan inte träna (och inte ha sex), det är det som sänker mig. Kroppen saknar. Kroppen vill svettas. Jag får inte rensa alla tankar. Måtte jag vara läkt snart. Men samtidigt känner jag mig så jävla uppfuckad efter den här alla-helgons-blodiga-natt-historien att jag tror jag måste snacka med någon gynekolog innan jag ens vågar torka mig ordentligt. Höra: oj, vad fint det ser ut. Nu är du läkt. Fritt fram, Skäringer. Spring och älska så mycket du vill.

»Shhhhh alla barn, skrik inte. Mamma hör inte sig själv. Ikväll är det skrik och spring-förbud på hela över-våningen!«

5 JANUARI **Alla ärenden**
En massa uppskjutna saker som ska fixas, lösas, ordnas. Och i bilen svider minusgraderna mot vita vinterhuden. Jag har inte energin att värma upp mig själv. Jag blir inte ens fingervarm. Inte ens degspadsljummen. Men vär-men kommer när jag tänker på att det finns så mycket tröst i världen. Det gör inte sorgen mindre, antar jag, men man får veta att man inte är ensam. Och är man inte ensam så kanske andra kan hjälpa en att överleva. Så kanske andra på samma frusna sjö kan låna ut isdub-barna.

Och i den andra, ytliga, materiella världen ska jag idag: köpa duschdraperi (Danne och jag la det förra på

taket när vi skulle köra hem från Ikea), köpa ny mobil
med en bra kamera, hämta en kanapé som vi köpt på
Blocket (Liljas nya paschamöbel). Det är min lilla dag.
Alltså: Köpa köpa köpa.

6 JANUARI Stängt och Stilla
Röd dag igen. Den sista röda dagen i jul- och nyårs-
klungan. En ensam liten röd dag man inte riktigt vet
vad man ska göra med. En ensam liten röd dag som inte
någon egentligen ville ha i sitt lag och jag minns ban-
den, de gula och gröna tygbanden på gympan i skolan.
Minns asfaltplanen och de som aldrig blev valda. De
som fick stå kvar tills fröken bara trädde på dem varsitt
band till ackompanjemanget av lagens suckar.

Pratade med Klara i telefonen. Hon hade exakt samma
krypande, geggiga känsla. Vi borde ha legat skavfötters
under täcket i min röda soffa idag. Vi borde ha skrattat
bort geggan.

Vi ska spela in lite mer idag. Yla i vardagsrummet.
Vill samla låtarna som ska vara med i min föreställning
längre fram. Jag längtar och jag skälver, för jag är skraj.
Skraj för de där överjävliga timmarna på dagen, i staden
man inte känner, innan man ska upp på scenen. Skraj
för okända ansikten på den lokala pizzerian. Kommer
han? Kommer hon? Kommer någon? Skraj för rastlös-
heten och självkänslan som bara sviker. Som gömmer
sig för att sedan fullkomligt explodera på scenen. Som
går undan och smörjer sitt krås i något skrymsle av mig
själv. Skraj för den där känslan: de kommer att avslöja
mig. Jag är inte bra. Jag räcker inte. Jag kommer att
glömma all text.

Men jag gör det. För jag är ingen liten lort. Jag tar mig själv på ryggen och hoppar. Och jag ser ljuset. Ja, jag ser ljuset.

6 JANUARI To let myself go

Ikväll skriver jag mitt sista inlägg. Ikväll släpper jag taget. För nu behöver jag vara ifred med mig själv lite. Och min föreställning som jag skriver texter till. Om allt det som vi har vevat runt här inne i vårt vackra universum. Här har mycket blivit till. Ja, jag tror fan i mej att vi har krossat ett par väggar. Att vi gjort titthål i några murar. Att det har blivit lite lättare att finnas. Att andas. Så när bloggen slutar planterar jag er, som ett frö i mitt hjärta. Ett frö som ska växa till en föreställning. Då är ni alltid med. Och stolta hoppas jag att ni ska sitta i salongen och tänka: det där var jag med och skapade. Där är jag. Jag känner igen mig.

6 JANUARI Sorti

Och när jag var liten sa jag alltid hejdå tusen gånger, för att jag hade sån jävla separationsångest. Det har jag fortfarande. Jag är sån. Och jag får gilla läget bara.

Förra gången varade bloggen i tre månader. Så blev det nu också. Det verkar som om jag orkar ungefär så länge. Sedan vill jag vara ifred. Samla ihop mig lite. Det är också så att jag har många projekt på gång som kräver min tid, och jag har svårt att ha för många fokus samtidigt. Jag ska spela en stor roll i en ny serie och skriva på en film. Det blir ett jädra flängande mellan Göteborg och Stockholm och all min tid hemma måste gå till mina barn. Och föreställningen som kommer att ha premiär nästa vår. Ja, den är till er. För er. Det blir liksom mitt sätt att tacka er för den här tiden. För första ronden och för andra. För tilliten och för att ni vågade ta emot mig och därigenom er själva och varandra. Det födde faktiskt hela idén till föreställningen. Genom er fattade jag ännu mer att man visst får lov att vara sårbar. Visa sig som man är. För det finns människor som kan ta emot. Ni.

Och: Jag tror att ni förstår att en sån här nakenfis-blogg måste hämta andan och vila. Den är ju jag. När jag är stark. När jag är svag. Och ibland blir nakenfisen älskad och ibland lommar hon tillbaka avvisad med svansen mellan benen. Så är det för oss alla. Och jag tar hellre risken att visa mig som jag är än lever mitt liv i nån jävla insvettad hockeyutrustning.

Vi ses i foajén. Danne ska spela knappdragspel när ni kommer. Han övar så in i helsike. Det ska vara levande ljus och jävligt mycket kärlek i luften.

Tack!